ECHT
SOMMERKÜCHE

Über 100 kreative Rezepte von Michaela Baur

INHALT

»*Der Sommer ist*
eine Wonne an Geruch,
Farbe und Aroma.«

Michaela Baur

Meine
Sommerküche

Wenn ich an den Sommer denke, dann denke ich an eine Fülle von Farben und Aromen. An herrlich reife Früchte, die ich am allerliebsten frisch genieße: Wenn ich zum Beispiel Erdbeeren oder Himbeeren kaufe, kann ich nicht widerstehen und nasche die ersten direkt aus dem Körbchen!

Besonders liebe ich alle Arten von Tomaten, ohne die im Sommer in meiner Küche gar nichts geht. Sobald es die ersten Tomaten aus der Region gibt, esse ich sie fast täglich in allen Varianten. Sommerliche Gerichte lassen sich aus dem Alleskönner schnell und unkompliziert zaubern, auch für spontane Treffen im Biergarten oder im Grünen. Für solche Fälle mische ich gerne einen Brotaufstrich aus allem, was ich im Kühlschrank (zum Beispiel Quark, Schmand oder Käse) und auf meinem Balkon (verschiedene Kräuter oder Blüten) finden kann. Noch ein paar knackige Radieschen oder eine saftige Gurke dazu, und fertig ist das perfekte Outdoor-Essen.

Im Sommer gibt es für mich nichts Schöneres als ein Picknick am See, denn ich liebe Ausflüge ans Wasser. Dort breite ich meine große Picknickdecke aus, stelle die Getränke kühl und alle meine Freunde bringen ihr Lieblingsgericht mit – schon wird die Decke zum bunten Buffet.

Köstliches Essen, nette Gesellschaft und ein schönes Plätzchen im Freien – was kann man sich mehr wünschen für einen perfekten Sommer?

Ich bin dann mal draußen!

Herzlichst Ihre

Michaela Baur

1 Trinkpensum erreicht?

Wie wär's mit Infused Water: Leitungswasser einfach mit Beeren, Gemüse oder Kräutern aromatisieren und am besten reichlich genießen. Trinkmuffel können in Melone und Salatgurke beißen: Sie bestehen zum größten Teil aus Wasser.

2 Ein kühler Drink in der Hand?

Getränke kühlt man am schnellsten mit Wasser und Salz: Kaltes Wasser, Eiswürfel und eine Handvoll Salz mischen und die Getränkeflaschen hineinstellen. Oder die Flaschen mit nassen Tüchern umwickelt 10 Minuten lang ins Gefrierfach legen.

3 Was koche ich im Freien?

Probieren Sie zum Grillgemüse doch mal frisch gebackene Fladen: Dafür 500 g Mehl mit 375 ml Wasser und 2 TL Salz verkneten, kurz kühl ruhen lassen und 15 Portionen ausrollen. Auf einer umgedrehten Pfanne backen die Fladen in wenigen Minuten über offenem Feuer.

4 Wilde Kräuter und Blumen im Salat?

Löwenzahn, Brennnessel, Kapuzinerkresse, Gänseblümchen oder Rosenblätter bringen nicht nur geschmackliche, sondern auch optische Raffinesse auf den Teller. Fachkundige Köche können vom nächsten Ausflug auch Giersch, Gundermann, Vogelmiere, Veilchen oder Kornblume mitbringen und erntefrisch verwerten.

5 Den Sommer ins Glas füllen?

Wer große Mengen an Früchten konservieren will, macht am besten Kompott oder
Konfitüre daraus – püriert übrigens auch toll als fruchtige Komponente im Salatdressing!

6 Genuss to go?

Salate mit Hülsenfrüchten, Nudeln, Bulgur oder anderen Getreide-
produkten sind gut vorzubereiten, relativ temperaturstabil und
sättigend – perfekt zum Mitnehmen. Besonders appetitlich sieht es
in einem Weck- oder Bügelglas transportiert aus.

7 Und wenn die Suppe kalt ist ...?

... dann ist das genau richtig! Suppen aus Fruchtgemüse (z.B. Tomate, Gurke und
Paprika) schmecken auch eisgekühlt und versorgen zusätzlich mit Flüssigkeit.

8 Ab zum Sommerfest?

Fehlt noch ein Mitbringsel fürs sommerliche Buffet? Mit einer selbst gemach-
ten Kräuterbutter (siehe S. 95), einem Brotaufstrich (siehe S. 105, S. 120)
oder einem Dip (z.B. Kräuterdip, siehe S. 77) liegen Sie immer richtig.

AUS DEN VOLLEN SCHÖPFEN

In den warmen Monaten des Jahres heben die Sonnenstrahlen nicht nur die Stimmung, sondern lassen auch heimisches Obst und Gemüse süß und aromatisch werden.

GEMÜSE – GENUSS UND VIELFALT HAT SAISON

Meteorologisch betrachtet beginnt der Sommer Anfang Juni und endet mit dem 31. August. Für unsere Breitengrade bedeutet das, wir haben eine wunderbare Vielfalt an Obst und Gemüse, die direkt vor unserer Haustür wächst. Aprikosen, Mirabellen, Pfirsiche und allerhand Beeren, die Dank vieler Sonnenstunden reichhaltige Aromen und viele wertvolle und gesunde Inhaltsstoffe bilden können. Und natürlich knackige Süßkirschen, die aus Nachbars Garten ja bekanntlich am besten schmecken.

Neben diesen süßen Dingen gedeihen jetzt auch Fruchtgemüse wie Auberginen, Paprikaschoten, Tomaten und Zucchini auf deutschen Feldern und Gärten, die sonst aus anderen sonnenverwöhnten Ländern importiert werden. Dieses mediterrane Sommergemüse schmeckt wunderbar zusammen mit Olivenöl, Knoblauch, Rosmarin und Thymian gegrillt, aus der Pfanne oder aus dem Ofen.

Auch nur zu dieser Zeit finden wir die verschiedenen Arten grüner Bohnen und frische Erbsen auf dem Markt oder in den Regalen der Gemüseabteilungen. Probieren Sie doch mal einen gemischten Bohnensalat aus allen Bohnen, die Sie frisch bekommen können, schmeckt köstlich mit einem Zitronen-Kapern-Dressing.

Nicht zu vergessen sind die zahlreichen und bunten Blattsalate, knackiger Staudensellerie, grüne und violette Kohlrabi, (grüner) Spargel und Mangold, die die Auswahl abrunden – rote und weiße Rettiche sowie Radieschen läuten die Biergartensaison ein.

> *Ein Korb voller Vitamine*

> *Jung und zart besonders delikat: grüne Bohnen*

SÜSSE FRÜCHTCHEN FIX VERZAUBERT

Steinobst und vor allem Beeren sind der Inbegriff des Sommers. Die Früchte schmecken einfach pur zu allerhand Leckereien verarbeitet, z.B. zu feinen Erfrischungen, wie eine Beerenbuttermilch (kalte Buttermilch mit Beeren pürieren, evtl. etwas süßen) oder Infused Water mit frischen Früchten oder Kräutern. Für fixe Desserts hebt man etwas Schlagsahne unter Speisequark, süßt nach Geschmack mit Zucker, Honig oder Fruchtsüße und serviert mit Sommerfrüchten.

Für ein fruchtiges Tiramisu Biskuit oder übriges Gebäck mit pürierten, evtl. gesüßten Früchten, einer Mascarponecreme (siehe S. 134) und ein paar frischen Früchten servieren. Grütze (siehe S. 133), die man auch mit gelben Früchten und Apfelsaft zubereiten kann oder erfrischende Süßspeisen aus der Tiefkühlung wie Sorbet (siehe S. 126/127) oder Granita (siehe S. 128). Oder Sie servieren Vanilleeis mit einer hausgemachten Fruchtsauce.

> *Sowohl von außen …*   > *… als auch von innen farbenfroh.*

SOMMERZEIT – MELONENZEIT

Die aromatischen Wasserspender sind in zwei Sorten unterteilt: Zuckermelonen sind die besonders schmackhafte Cantaloupe- oder Charentais-Melone (beigefarbene Schale, orangfarbenes Fruchtfleisch), Netzmelone, z.B. Galia (genetzte Schale, hellgelb bis grünes Fruchtfleisch) und Honigmelone (gelbe glatte Schale).
Die Reife von Wassermelonen können Sie am Ton erkennen. Klopfen Sie leicht gegen die Schale: Wenn Sie einen vollen, tiefen Ton hören, dann ist die Melone reif. Unreife Früchte klingen dagegen hohl oder haben kaum einen Klang. Bei Zucker-

melonen genügt sanfter Druck auf die Schale: Gibt diese am Stielende etwas nach und riecht süß und aromatisch, ist die Melone reif.
Egal welche Sorten, Melonen sind unglaublich wandelbar und schmecken pur, süß im Fruchtsalat oder Sorbet oder salzig in Kombination mit Schinken, Käse oder Salaten (siehe S. 31).
Ein besonderer Hingucker für Fruchtsalate oder Bowlen ist es, wenn das Fruchtfleisch mit einem Kugelausstecher ausgehöhlt wird. Wer will, der benutzt anschließend die übrig gebliebene Schale gleich als Bowlenschüssel.

DRAUSSEN ESSEN UND KOCHEN

Was ist das Schönste am Sommer? Alles spielt sich im Freien ab!
Grillen hat Hochsaison und alle pilgern in schattige Biergärten
oder zum gemeinsamen Picknick auf grüne Wiesen.

HAUPTSACHE DRAUSSEN!

Sommerzeit ist Ausflugszeit. Damit die Speisen
aber auch nach dem Transport zum Lieblings-
platz noch frisch und appetitlich sind, verpackt
man sie am besten in einer Kühl- oder Styropor-
box, kleine Mengen in Butterbrotpapier oder
Kunststoffbehälter – das spart Gewicht. Zum
Essen kann meistens ganz auf Teller und Besteck
verzichtet werden: Quiche, Sommerrollen, Blätterteigschnecken und Gemüse-Involtini schmecken direkt aus der Hand, genau wie Zucchi-
niröllchen oder Schinken-Involtini, Hackbällchen
und Wraps (siehe S. 113). Gemüsesticks und Radieschen sowie Melonenschnitze sind eine knackige Ergänzung zu jedem Picknick.
Salate aus Getreide oder Hülsenfrüchten kann
man gut vorbereiten – und sie machen große
und kleine Ausflügler richtig satt! Probieren Sie
zum Beispiel Kichererbsensalat (siehe S. 22),
Nudelsalat (siehe S. 33) oder einen Linsensalat.
Brotaufstriche und Dips, die man mit Gemüsesticks oder Brot genießt, sind auch unterwegs
heiß begehrte Lieblinge. Wie zum Beispiel Hum-
mus aus gekochten Kichererbsen oder baye-
rischer Obatzda, ein grober Käseaufstrich aus
reifem Weichkäse, den man wunderbar nach
Lust und Laune variieren kann.
Ganz ursprünglich wird's, wenn man im Freien
direkt über offenem Feuer kocht: ein Kessel-
gulasch oder eine bunte Gemüsesuppe in einem
Dreibeingrill (Schwenkgrill) zum Beispiel. Und
was immer gut ankommt ist, wenn man auf dem
Grill hausgemachtes Fladenbrot (siehe S. 6) zubereitet oder Stockbrot über dem Feuer röstet.

> *Unterwegs perfekt versorgt*

> *Suppe mit Lagerfeuerromantik*

Checkliste fürs Picknick

✓

- Kalte Getränke (in der Kühlbox)
- Thermoskanne mit (kaltem) Tee oder Kaffee
- Picknickdecke (mit isolierter Unterseite)
- Flache und/oder tiefe Teller (aus Kunststoff oder umweltverträglichem Einwegmaterial)
- Messer, Gabeln und Löffel (aus Kunststoff oder Holz – oder einen Löffel für alles)
- Aufgeschnittenes Brot
- Servietten
- Salzstreuer und Pfeffermühle
- Flaschenöffner und Korkenzieher
- Gläser und Becher
- Tragbarer Grill für warme Gerichte (nur an ausgewiesenen Stellen erlaubt)
- Sonnenschirm
- Teelichter und Feuerzeug
- Mückenspray
- Müllbeutel

KOCHEN IM FREIEN

Eine Gartenküche ist im Idealfall mit einer Kochstelle und einem Grill ausgestattet. Neben der zentralen Kochstelle sollte die Outdoor-Küche auch über ausreichend Arbeitsfläche verfügen, denn nur dann lassen sich leckere Sommergerichte stressfrei vor- und zubereiten. Sie sollte aus witterungsbeständigem Material sein bzw. eine entsprechende Überdachung haben – eine bewachsene Pergola mit natürlichem Luftaustausch ist dafür perfekt. Genügend Ablagemöglichkeiten und Stauraum für Küchenutensilien erleichtern den Küchenumzug ins Freie. Besonders praktisch

wird es, wenn die Outdoor-Küche über fließendes Wasser verfügt. Über ein handelsübliches Garten-Stecksystem lässt sich der Gartenschlauch ganz einfach an eine Spüle anschließen, und schon kann man das im eigenen Garten gezogene Gemüse putzen – und die Küche im Haus hat Sommerpause.

Ein großer Pluspunkt dabei: Sie stehen nicht alleine in der Küche, können sich mit Familie und Gästen unterhalten. Bei Bedarf bekommen einfach alle Schneidebrett und Messer in die Hand und helfen bei den Vorbereitungen.

SALATE, SUPPEN
& KLEINE GERICHTE

Zum Verwöhnen

Edler Sommersalat
mit Artischocken und Blutampfer

FÜR 4 PERSONEN

10 Champignons

1 Zweig Rosmarin

1 Knoblauchzehe

2 EL Olivenöl

4 Artischockenböden
(aus dem Glas)

Meersalz

20 Melonengurken (ersatzweise
1 kleine Salatgurke)

je 20 rote und gelbe sehr kleine
Cocktailtomaten

je 1 kleine gelbe und
grüne Zucchini

1 Friséesalat

150 g Blutampfer (ersatzweise
Sauerampfer)

1 Handvoll Kerbel

1 Handvoll gemischte Kresse

3 EL Gemüsebrühe

1 EL Balsamico bianco

2 EL Aceto balsamico

3 EL Orangensaft

1 TL scharfer Senf

1 TL Honig · 6 EL Olivenöl

1 EL Walnussöl

2 EL Distelöl

1 Handvoll gemischte essbare
Blüten (siehe S. 24)

ZUBEREITUNG // ⏱ 35 min

1 Die Champignons putzen, falls nötig, mit Küchenpapier trocken abreiben und vierteln. Den Rosmarin waschen und trocken tupfen. Den Knoblauch schälen und leicht andrücken.

2 Das Olivenöl in einer Pfanne erhitzen und die abgetropften, geviertelten Artischockenböden darin bei starker Hitze etwa 3 Minuten anbraten. Die Pilze dazugeben und etwa 4 Minuten mitbraten. Mit Meersalz würzen, Rosmarin und Knoblauch dazugeben, 1 Minute mitbraten und die Pfanne vom Herd nehmen.

3 Die Melonengurken waschen und schräg halbieren. Die Cocktailtomaten waschen und nach Belieben halbieren. Die Zucchini putzen, waschen und in Scheiben schneiden. Gurken, Tomaten und Zucchini in eine Schüssel geben und leicht mit Meersalz würzen.

4 Vom Friséesalat die äußeren Blätter entfernen. Den Salat in die einzelnen Blätter teilen, waschen, trocken schleudern und in mundgerechte Stücke zupfen. Blutampfer, Kerbel und Kresse abbrausen und trocken schütteln.

5 Für die Vinaigrette Brühe, beide Essigsorten und Orangensaft leicht erhitzen und mit Meersalz würzen. Senf und Honig unter die Mischung rühren. Die Ölsorten mit dem Schneebesen unterrühren und die Vinaigrette mit Meersalz abschmecken.

6 Die abgekühlte Artischocken-Pilz-Mischung zum Gemüse in die Schüssel geben, dabei den Rosmarinzweig und den Knoblauch entfernen. Den Friséesalat, die Kräuter und die Vinaigrette dazugeben und alles mischen. Den Sommersalat auf Tellern anrichten und mit den essbaren Blüten bestreuen.

INFO *Die Melonengurke ist eine aus dem Mittelmeerraum stammende Kreuzung – wie der Name schon sagt – aus Melone und Gurke. Man kann sie aus Saatgut auch selbst auf dem Balkon ziehen (siehe S. 25).*

Nizza-Salat mit Ei

ZUBEREITUNG // ⏱ 25 min

1. Die Eier 8 Minuten hart kochen, kalt abschrecken und abkühlen lassen. Inzwischen die Bohnen putzen, waschen und halbieren. In kochendem Salzwasser 6 bis 8 Minuten bissfest garen. In ein Sieb abgießen, kalt abschrecken und gut abtropfen lassen.

2. Den Salat putzen, waschen und trocken schleudern, dann in mundgerechte Stücke zupfen. Die Tomaten waschen und vierteln. Die Paprika längs vierteln und entkernen, waschen und die Viertel quer in feine Streifen schneiden. Die Gurke waschen und in dünne Scheiben schneiden oder hobeln. Die Zwiebeln schälen und in feine Ringe schneiden.

3. Das Basilikum waschen, trocken tupfen und grob zupfen. Die Eier pellen und vierteln.

4. Den Blattsalat mit Tomaten, Paprika, Gurke, Bohnen, Zwiebeln und Eiern auf Teller verteilen und die Oliven darüberstreuen.

5. Essig, Brühe, Senf, Salz, Pfeffer und Öl zu einer Vinaigrette verquirlen, das Basilikum unterheben. Zum Servieren die Vinaigrette über den Salat träufeln.

FÜR 4 PERSONEN

4 Eier

150 g grüne Bohnen

Salz

1 Kopf- oder Romanasalat

150 g Cocktailtomaten

1 große gelbe Paprikaschote

1 Salatgurke

2 kleine rote Zwiebeln

20 Basilikumblätter

12 schwarze Oliven

4–5 EL Weißweinessig

8 EL Gemüsebrühe

1 TL Dijon-Senf

Pfeffer aus der Mühle

5–6 EL Olivenöl

FÜR 4 PERSONEN

500 g Brokkoli

Salz

1 Glas Artischockenherzen

(330 g Abtropfgewicht)

2 rote Zwiebeln

1 Limette

4 EL Olivenöl

Pfeffer aus der Mühle

50 g gesalzene Macadamianüsse

Brokkolisalat mit Artischocken

ZUBEREITUNG // ⏱ 20 min // 🌢 30 min

1   Den Brokkoli putzen, waschen und in Rös-
chen teilen, den Stiel schälen und in Scheiben
schneiden. In kochendem Salzwasser kurz
blanchieren, abgießen, kalt abschrecken und
abtropfen lassen.

2   Die Artischocken abtropfen lassen und vierteln. Die Zwiebeln schälen und in feine Würfel schneiden. In einer Schüssel mit dem vorgegarten Gemüse mischen.

3   Für das Dressing die Limette halbieren und
den Saft auspressen. Mit dem Olivenöl ver-

rühren und mit Salz und Pfeffer würzen. Das
Gemüse damit mischen und 30 Minuten ziehen lassen.

4   Die Macadamianüsse in einer Pfanne ohne
Fett leicht anrösten, grob hacken und über
den (nach Belieben auf großen Mangoldblättern) angerichteten Salat streuen. Dieser Salat
ist auch ideal zum Mitnehmen, weil er nicht
„zusammenfällt".

Orientalischer Auberginensalat

FÜR 4 PERSONEN

1 große Aubergine (ca. 400 g)

Salz

½ l Gemüsebrühe

150 g Quinoa

150 g Möhren

2 Frühlingszwiebeln

1 rote Zwiebel

2 Knoblauchzehen

½ Bund Petersilie

2 Stiele Minze

4–5 EL Olivenöl

2 EL Zitronensaft

Pfeffer aus der Mühle

1 TL Ahornsirup

1 TL Pul biber (scharfe Paprika-
flocken)

ZUBEREITUNG // ⏱ 20 min // ▣ 30 min

1 Die Aubergine putzen, waschen, trocken tupfen und in etwa 2 cm große Würfel schneiden. Auf einem Teller mit 1 TL Salz bestreuen und etwa 20 Minuten ziehen lassen.

2 Inzwischen die Brühe in einem Topf aufkochen. Die Quinoa in einem Sieb heiß abbrausen, in die Brühe streuen und zugedeckt bei schwacher Hitze 15 bis 20 Minuten garen. Dann die Brühe abgießen und die Quinoa lauwarm abkühlen lassen.

3 Währenddessen die Möhren putzen, schälen und schräg in dünne Scheiben schneiden. Die Frühlingszwiebeln putzen und waschen, die weißen und hellgrünen Teile in feine Ringe schneiden. Zwiebel und Knoblauch schälen und in feine Würfel schneiden. Petersilie und Minze waschen und trocken schütteln, die Blätter abzupfen und grob hacken. Auberginenwürfel mit Küchenpapier trocken tupfen.

4 Das Olivenöl in einer großen Pfanne erhitzen und Zwiebel und Knoblauch darin andünsten. Auberginen und Möhren dazugeben und unter Wenden bei mittlerer Hitze 10 Minuten braten. Dann die Frühlingszwiebeln dazugeben und etwa 2 Minuten mitbraten. Den Zitronensaft unter das Gemüse mischen und in eine Schüssel füllen. Die gequollene Quinoa und zwei Drittel der Kräuter unterheben, mit Salz, Pfeffer, Ahornsirup und Pul biber kräftig würzen. Den Auberginensalat mit den übrigen Kräutern bestreut servieren.

TIPP *Quinoa gehört zu den Pseudogetreide-Sorten: Sieht aus wie Getreide, ist aber keines. Es sind die Samen eines Fuchsschwanzgewächses und glutenfrei. Alternativ kann man diesen Salat auch mit Bulgur (aus Hartweizen) zubereiten.*

Mangold-Linsen-Salat

ZUBEREITUNG // ⏱ 30 min

1 Den Mangold putzen, waschen und die zarten kleinen Blätter beiseitelegen. Das obere Grün von den großen Stielen abschneiden. Die oberen Stielenden in 5 cm lange Stücke schneiden. Die breiten Stiele zuerst der Länge nach in 2 cm breite Streifen und dann quer in 5 cm breite Stücke schneiden.

2 Die Schalotten schälen und in feine Würfel schneiden. Den Ingwer schälen und fein reiben. Die Orange halbieren und den Saft auspressen. Den Koriander, den Kreuzkümmel und den Langen Pfeffer im Mörser zerstoßen und den Zimt untermischen.

3 Die roten Linsen in kochendem Salzwasser 5 bis 6 Minuten bissfest garen. In ein Sieb abgießen und abtropfen lassen. Die Mandeln in einer Pfanne ohne Fett goldbraun rösten.

4 Das Olivenöl in einer großen Pfanne erhitzen. Mangoldstiele, Schalotten und Ingwer darin rundum 3 bis 4 Minuten braten. Meersalz, Gewürzmischung und Cranberrys darübergeben. Mit Orangensaft und Rote-Bete-Saft ablöschen und zugedeckt 5 Minuten weiterdünsten. Mangoldgrün und Linsen hinzufügen und 2 Minuten weiterdünsten. Mit den kleinen Mangoldblättern und Mandeln bestreut lauwarm servieren.

FÜR 4 PERSONEN

750 g bunter Mangold
(alternativ grüner Mangold)
3 Schalotten
30 g Ingwer
1 Orange
1 TL Korianderkörner
½ TL Kreuzkümmelsamen
3 Stück Langer Pfeffer
1 TL Zimtpulver
150 g rote Linsen
Salz
3 EL blanchierte Mandeln
6 EL Olivenöl
grobes Meersalz
4 EL getrocknete Cranberrys
100 ml Rote-Bete-Saft

FÜR 4 PERSONEN

Für das Dressing
4 EL Zitronensaft
2 TL Senf
2 TL flüssiger Honig
2 EL Sojasauce
Pfeffer aus der Mühle
2 EL Lein- oder Rapskernöl
Außerdem
600 g grüne Bohnen · Salz
240 g Kidneybohnen (aus der Dose)
1 Avocado
etwas Zitronensaft
8 bunte Cocktailtomaten
Pfeffer aus der Mühle
400 g Roastbeefaufschnitt
(in dünnen Scheiben)

Rindfleischsalat mit Avocado und Bohnen

ZUBEREITUNG // ⏱ 20 min

1 Für das Dressing Zitronensaft, Senf, Honig und Sojasauce gut verrühren und mit Pfeffer würzen. Anschließend das Öl unterschlagen.

2 Die grünen Bohnen putzen, waschen und in kochendem Salzwasser 6 bis 8 Minuten bissfest garen. In ein Sieb abgießen, kalt abschrecken und gut abtropfen lassen. Inzwischen die Kidneybohnen in ein Sieb abgießen, kalt abbrausen und gut abtropfen lassen.

3 Die Avocado halbieren und den Stein entfernen. Die Hälften schälen, das Fruchtfleisch in

Scheiben schneiden und mit etwas Zitronensaft beträufeln. Die Tomaten waschen und halbieren.

4 Die Tomaten und beide Bohnensorten in einer Schüssel mit dem Dressing mischen. Die Avocadoscheiben locker unterheben und den Salat nochmals mit Salz und Pfeffer würzen. Die Roastbeefscheiben mit dem Salat auf Tellern anrichten und servieren.

Kichererbsen-Hähnchen-Salat

FÜR 4 PERSONEN

5 EL Balsamico bianco

ca. 2 EL Honig

3 EL Olivenöl

1 Knoblauchzehe

Salz · Pfeffer aus der Mühle

1 rote Zwiebel

200 g Cocktailtomaten

100 g Baby-Spinat

1 Glas Kichererbsen

(220 g Abtropfgewicht)

1 rote Paprikaschote

2–3 Stiele Petersilie

200 g Hähnchenbrustfilet

2–3 TL Harissapaste

ZUBEREITUNG // ⏱ 30 min

1 In einer großen Schüssel 4 EL Essig, 1 EL Honig und 2 EL Olivenöl verrühren. Den Knoblauch schälen, in feine Würfel schneiden und dazugeben. Mit Salz und Pfeffer würzen.

2 Die Zwiebel schälen und in feine Würfel schneiden. Die Tomaten waschen und halbieren. Den Spinat verlesen, waschen und trocken schütteln, grobe Stiele entfernen und große Blätter etwas klein zupfen. Alles mit dem Dressing in einer Schüssel mischen und beiseitestellen.

3 Die Kichererbsen in ein Sieb abgießen, kalt abbrausen und abtropfen lassen. Die Paprikaschote längs halbieren, entkernen, waschen und in grobe Würfel schneiden. Die Petersilie waschen und trocken tupfen, die Blätter abzupfen und grob hacken. Das Hähnchenbrustfilet waschen und trocken tupfen und in feine, etwa 3 cm lange Streifen schneiden.

4 Das restliche Olivenöl in der Pfanne erhitzen und die Kichererbsen darin anbraten. Die Paprikawürfel hinzufügen und kurz mitbraten. Je nach Geschmack 2 bis 3 TL Harissapaste hinzufügen und unterrühren. Die Hähnchenstreifen hinzufügen und ebenfalls mitbraten. Den restlichen Honig dazugeben, kurz aufkochen, dann mit dem übrigen Essig ablöschen. Zugedeckt 3 bis 4 Minuten köcheln, bis das Hähnchen gar ist. Mit Salz und Pfeffer würzen und die Petersilie untermischen.

5 Die Kichererbsen-Hähnchen-Pfanne mit den übrigen Salatzutaten in der Schüssel mischen und den Salat lauwarm servieren.

TIPP *Harissa ist eine (chili-)scharfe Würzpaste aus Tunesien mit einer leichten Rauchnote. Weitere geschmacksgebende Inhaltsstoffe sind: Knoblauch, Kreuzkümmel, Koriander, Kümmel, Paprika und Kurkuma.*

das ist — echt easy

NICHT ZU TOPPEN!

Holen Sie das Beste aus Ihrem Salat heraus und feiern Sie Ihren eigenen kleinen Kräuter- und Gemüsegarten! Er liefert jeden Tag taufrisch den Geschmack des Sommers.

1. SALATE VEREDELN

Die festen Zutaten allein machen noch keinen guten Salat aus, mindestens genauso wichtig ist die richtige Anmache! Lassen Sie sich von den unterschiedlichsten Essig- und Ölsorten zum Experimentieren animieren und kreieren Sie ihre eigene Vinaigrette. Für weiße Dressings kann man aus der ganzen Palette an Milchprodukten wählen und diese mit fein gehackten Kräutern und Gewürzen in eine Salatsauce verwandeln. Eine willkommene Bereicherung sind diverse Salsas aus exotischen Küchen, z.B. auf der Basis von Tomate, Mango oder Papaya, die ursprünglich zwar als Beilage oder zum Dippen gedacht waren, zweckentfremdet aber dem passenden Salat einen exotischen, sommerlichen Touch verleihen.

Das besondere Tüpfelchen aber kommt ganz zum Schluss: Mit ein paar kleinen Handgriffen und Tricks lässt sich Salat toll verfeinern, z.B. mit darüber gestreuten gerösteten Brotwürfelchen, Nüssen oder Parmesanchips: Dafür 125 g Parmesan fein reiben und portionsweise mit etwas Abstand kleine Häufchen auf ein mit Backpapier belegtes Backblech streuen. Im Ofen bei 150 °C 12 bis 15 Minuten backen, abkühlen lassen und den Salat damit garnieren.

Einfach köstlich, ein Salat so bunt wie eine Blumenwiese: Borretsch-, Gänseblümchen-, Kapuzinerkresse-, Malven-, Ringelblumen-, Taglilien-, Schnittlauch- oder Veilchenblüten verzaubern Salate nicht nur mit ihrer Farbe und ihrem Aussehen, sondern auch mit ihrem typischen, durch ätherische Öle bedingten Eigengeschmack.

> *Das Beste kommt ganz oben.*

> *Flower Power, die schmeckt.*

2. ZUPFEN UND NASCHEN

Auch wenn man keinen eigenen Garten hat, muss man deshalb noch lange nicht auf den Genuss selbst gezogener, frischer Kräuter verzichten. Ein Kräutergarten auf dem Balkon ist schnell angelegt und leicht zu pflegen – und liefert den ganzen Sommer über erntefrische Kräuter. Selbst auf dem Fenstersims lassen sich mit gekauften Kräutertöpfchen – die eigentlich für den baldigen Verzehr gedacht sind – Sommerfeeling, Sonnenaroma und ein Hauch von Gärtnerglück in die eigenen vier Wände holen. Die heimischen Standardkräuter Petersilie, Schnittlauch und Dill liefern eine erste gute Basis. Ihre Verwandten aus dem Mittelmeerraum Basilikum, Rosmarin, Thymian und Salbei sind für die Sommerküche beinahe unverzichtbar, denn sie überzeugen nicht nur mit typisch-kräftigen Aromen sondern auch mit optischen Reizen. Etwas zarter und jeweils ganz individuell im Geschmack sind Kerbel, Koriander und Estragon. Mit etwas Kräuter- oder Anzuchterde und Kräutersamen lassen sie sich gut säen und ziehen. Wer noch einen Schritt weiter gehen will, der kann seinen Balkon in ein kleines, buntes Gemüseparadies verwandeln und zum Naschgemüse-Gärtner werden – „urban gardening" liegt schließlich voll im Trend. Viele beliebte Tomatensorten, Auberginen, Gurken, Paprikaschoten, Pflücksalate und Zucchini sind als vorgezogene Jungpflanzen in Gärtnereien, in Gartencentern oder im Supermarkt erhältlich. Im Originaltopf belassen oder mit spezieller Gemüseerde in etwas größere Kübel (ca. 10 l Inhalt) umgetopft, kann man in seiner grünen Oase dem knackigen Gemüse beim Wachsen zuschauen und den Eigenanbau jederzeit ernten. Auch Kapstachelbeeren oder Melonenbirnen („Pepino") sind attraktive exotische Gewächse, die außer einem sonnigen Plätzchen, ausreichend Wasser und einer Stütze zum Wachsen keine hohen Ansprüche stellen.

Sommerlicher Salat

mit Hähnchenbrust und Erdbeeren

ZUBEREITUNG // 🕐 30 min

1 Den Grill vorheizen. Die Hähnchenbrustfilets waschen, trocken tupfen, rundum mit Salz und Pfeffer würzen und mit 1 EL Olivenöl bepinseln. Das Fleisch auf jeder Seite 4 bis 5 Minuten grillen, dann abkühlen lassen und in mundgerechte Stücke schneiden.

2 Die Möhre putzen, schälen und längs in dünne Scheiben hobeln. Den Friséesalat waschen und trocken schleudern. Die Avocado halbieren und den Stein entfernen. Die Avocadohälften schälen und das Fruchtfleisch in Scheiben schneiden. Die Erdbeeren waschen, putzen und halbieren.

3 Den Limettensaft mit Essig, Salz, Pfeffer und Senf verrühren und das restliche Olivenöl unterrühren. Die Hähnchenbrust mit Möhre, Avocado, Friséealat und Erdbeeren mischen und mit dem Dressing beträufelt servieren.

FÜR 4 PERSONEN

600 g Hähnchenbrustfilet

Salz · Pfeffer aus der Mühle

7 EL Olivenöl

1 Möhre

1 Handvoll Friséesalat

1 Avocado

200 g Erdbeeren

Saft von ½ Limette

1 EL Erdbeeressig

1 TL Estragonsenf

FÜR 4 PERSONEN

600 g Kalbsrücken (ohne Knochen)

2 EL Öl · Salz · Pfeffer aus der Mühle

1 EL Rosinen

50 g getrocknete Aprikosen

4 EL Hühnerbrühe

3 EL Weißweinessig

3 EL Walnussöl

Zucker · 1 EL Kapern

100 g Blattsalate

(z.B. Lollo bionda, Lollo rosso)

75 g Gartenkresse

75 g Rucola

Wiesenkräuter und essbare Blüten zum
Garnieren (z.B. Gundelrebe, Gänse-
blümchen-, Ringelblumen-, Malven-,
Salbei-, Borretsch- und Rotkleeblüten)

80 g Walnusskerne · 1 EL Zucker

Kalbscarpaccio mit Wildkräutersalat

ZUBEREITUNG // ⏱ 35 min // 🍳 1 h

1 Das Fleisch in 2 EL Öl rundum anbraten.
Backofen auf 100 °C vorheizen, ein Ofengitter
auf die mittlere Schiene und darunter ein Abtropfblech schieben. Das Fleisch auf dem Gitter 50 bis 60 Minuten rosa garen.

2 Für die Marinade die Rosinen einweichen.
Die Aprikosen in Streifen schneiden und dazugeben. Die Brühe mit je 1½ EL Essig und
Walnussöl verrühren und mit Salz, Pfeffer
und 1 Prise Zucker würzen. Kapern, Rosinen
und Aprikosen dazugeben.

3 Das abgekühlte Fleisch sehr dünn aufschneiden, auf Teller verteilen und mit der Marinade beträufeln, mit Salz würzen und etwas
Pfeffer grob darübermahlen.

4 Die Blattsalate waschen, trocken schleudern
und in Stücke zupfen. Die Kresse waschen
und trocken tupfen. Den Rucola verlesen und
waschen. Den Salat mit dem restlichen Essig
und dem Öl marinieren, mittig auf dem Car-
paccio anrichten und mit Wiesenkräutern und
Blüten dekorieren.

5 Die Walnüsse in einer Pfanne ohne Fett kurz
rösten. 1 EL Zucker darüberstreuen und die
Nüsse unter Rühren karamellisieren. Über
den Salat streuen und servieren.

Klassische Bruschetta
mit drei Variationen

FÜR 4 PERSONEN

4 EL Olivenöl

4 Scheiben Ciabatta

2 Fleischtomaten
(oder Ochsenherztomaten)

1–2 Stiele Basilikum

Fleur de Sel

Pfeffer aus der Mühle

2 Knoblauchzehen

ZUBEREITUNG // ⏱ 15 min

1 In einer Pfanne 2 bis 3 EL Olivenöl erhitzen und die Ciabatta-scheiben darin auf beiden Seiten knusprig braten.

2 Die Tomaten waschen, vierteln, entkernen und in kleine Würfel schneiden. Das Basilikum waschen und trocken schütteln, die Blätter abzupfen und fein schneiden. Tomatenwürfel, Basilikum und restliches Olivenöl mischen und mit Fleur de Sel und Pfeffer würzen.

3 Die Knoblauchzehen längs halbieren, die Röstbrote damit einreiben und die Tomatenmischung darauf verteilen.

FÜR TOMATEN-AVOCADO-BRUSCHETTA die Röstbrote und 1 Fleischtomate wie im Rezept vorbereiten. Die Tomate anstelle von Basilikum mit fein geschnittenen Korianderblättern mischen. Eine reife Avocado halbieren und den Kern entfernen. Die Hälften schälen, in feine Würfel schneiden und mit 1 EL Zitronensaft, den Tomatenwürfeln und dem restlichen Olivenöl mischen. Mit Salz und Pfeffer würzen und auf den Röstbroten verteilen.

FÜR TOMATEN-PAPRIKA-BRUSCHETTA die Röstbrote und 1 Fleischtomate wie im Rezept vorbereiten. Die Tomate anstelle von Basilikum mit einigen Thymianblättchen mischen. Vier gegrillte Paprikafilets (aus dem Glas) in Streifen schneiden und mit den Tomatenwürfeln und dem restlichen Olivenöl mischen. Mit Salz und Pfeffer würzen und auf den Röstbroten verteilen.

FÜR TOMATEN-PFIFFERLING-BRUSCHETTA die Röstbrote und 1 Fleischtomate wie im Rezept vorbereiten. 100 g Pfifferlinge putzen, falls nötig halbieren oder vierteln und in 2 EL heißem Olivenöl anbraten, bis sie kein Wasser mehr ziehen. Mit Salz und Pfeffer würzen, 1 EL Schnittlauchröllchen untermischen und etwas abkühlen lassen. Die Tomate und die Pfifferlinge mischen und auf den Röstbroten verteilen.

das ist
wie
Urlaub

Griechischer Salat mit Falafeln

ZUBEREITUNG // ⏱ 40 min

1 Abgetropfte Kichererbsen mit dem Ei und dem Eigelb fein pürieren.

2 Zwiebel und Knoblauch schälen, in feine Würfel schneiden und in 1 EL Olivenöl hellbraun andünsten. Die Semmelbrösel und die Hälfte der Petersilie dazugeben und alles kräftig mit Chiliflocken, Kreuzkümmel, Salz und Pfeffer würzen. Unter die Kichererbsenmasse heben. Aus dem Teig mit angefeuchteten Händen ca. 16 walnussgroße Bällchen formen und etwas flach drücken.

3 Die Salate putzen, waschen, trocken schleudern und grob zerpflücken. Die Gurke waschen, längs halbieren und in Scheiben schneiden. Tomaten waschen und in Scheiben schneiden, Paprikaschote längs vierteln, entkernen, waschen und in feine Streifen schneiden. Die Oliven vierteln. Essig, Salz, Pfeffer und übriges Olivenöl zu einer Vinaigrette verrühren und die restliche Petersilie hinzufügen. Alle Salatzutaten mischen, auf Teller verteilen und mit der Vinaigrette beträufeln.

4 Das Öl erhitzen und die Falafeln darin bei mittlerer Hitze 5 bis 6 Minuten goldbraun braten. Dabei einmal wenden. Herausnehmen, auf Küchenpapier abtropfen lassen. Auf dem Salat anrichten und sofort servieren.

FÜR 4 PERSONEN

1 Dose Kichererbsen (265 g Abtropfgewicht)

1 Ei und 1 Eigelb

1 Zwiebel

1 Knoblauchzehe

6 EL Olivenöl

2 EL Vollkornsemmelbrösel

1 Bund gehackte Petersilie

1 TL Chiliflocken

½ TL gemahlener Kreuzkümmel

Salz · Pfeffer aus der Mühle

3 Mini-Romanasalate (à ca. 100 g)

½ Salatgurke (ca. 200 g)

200 g Tomaten

1 kleine gelbe Paprikaschote

50 g Oliven (ohne Stein)

2 EL Weißweinessig

125 ml Öl zum Braten

FÜR 4 PERSONEN

100 g Babysalatblätter
je 1 Bund Petersilie und
Basilikum
2 EL Sherryessig
Meersalz
Pfeffer aus der Mühle
1 TL Senf
4 EL Olivenöl
600 g Wassermelonenfruchtfleisch
(ohne Schale)
200 g Feta (Schafskäse)
einige Stiele Minze
½ TL Chiliflocken

das ist
ruck, zuck
fertig

Kräutersalat mit gegrillter Wassermelone und Feta

ZUBEREITUNG // ⏱ 25 min

1 Den Salat putzen, waschen und trocken schleudern. Die Petersilie und das Basilikum waschen und trocken schütteln, die Blätter abzupfen, grob hacken und mit den Salatblättern mischen. Den Essig mit Salz, Pfeffer, Senf und Olivenöl zu einer Vinaigrette verrühren.

2 Das Melonenfruchtfleisch entkernen und erst in Scheiben, dann in Stücke schneiden. Den Feta in Stücke schneiden.

3 Eine Grillpfanne erhitzen und die Melonenscheiben darin auf jeder Seite kurz und

kräftig grillen. Auf Teller geben und den Feta darauf verteilen.

4 Die Minze waschen und trocken schütteln, die Blätter abzupfen und mit den Chiliflocken über den Feta und die Melone streuen. Nach Belieben einige Salt flakes (Meersalzflocken) und etwas Olivenöl darübergeben. Den Salat mit dem Dressing mischen, mit Salz und Pfeffer abschmecken und auf den Melonenscheiben anrichten. Dazu passt Weißbrot.

Nudelsalat
mit Rucola, Fenchelsalami und Tomaten

FÜR 4 PERSONEN

400 g Penne rigate · Salz
Olivenöl zum Frittieren
200 g Cocktailtomaten
(an der Rispe)
50 g getrocknete Tomaten
(in Öl)
1 Kugel Büffelmozzarella (125 g)
50 g grüne Oliven
50 g Fenchelsalami (Finocchiata;
in dünnen Scheiben)
4 EL Weißweinessig
2 EL Gemüsebrühe
5 EL Olivenöl
Pfeffer aus der Mühle
alter Aceto balsamico
je ½ Bund Basilikum, Estragon
und Rucola

ZUBEREITUNG // ⏱ 35 min

1 Die Penne in kochendem Salzwasser bissfest garen, in ein Sieb abgießen und kalt abschrecken.

2 Zum Frittieren reichlich Olivenöl in einem Topf auf etwa 160 °C erhitzen. Die Cocktailtomaten an der Rispe lassen und die Haut jeweils einritzen. Die Rispe über einen Kochlöffelstiel hängen und die Tomaten kurz in das heiße Fett tauchen, bis die Haut aufplatzt (oder die Tomaten mit dem Schaumlöffel in das Fett geben). Die Tomaten herausheben, häuten und auf Küchenpapier abtropfen lassen.

3 Die getrockneten Tomaten in Streifen schneiden. Den Mozzarella in Würfel schneiden. Die Oliven in Spalten schneiden, dabei die Steine entfernen. Die Fenchelsalami in Stücke zupfen. Alle vorbereiteten Zutaten in einer großen Schüssel mischen.

4 Für das Dressing Essig, Brühe und Olivenöl verrühren, unter die Nudeln und das Gemüse mischen, mit Salz, Pfeffer und Aceto balsamico abschmecken und etwas ziehen lassen. Inzwischen das Basilikum und den Estragon waschen, trocken schütteln und die Blätter abzupfen. Den Rucola verlesen, waschen und trocken schleudern, grobe Stiele entfernen. Die Kräuter und den Rucola kurz vor dem Servieren unterheben.

TIPP   *Statt mit Nudeln können Sie die Zutaten auch mit dünnen gerösteten Baguettescheiben mischen und mit einer Vinaigrette marinieren.*

Andalusischer Gazpacho

ZUBEREITUNG // ⏱ 40 min // ❄ 1 h

1 Das Toastbrot in etwas Wasser einweichen. Die Frühlingszwiebeln putzen, waschen und in feine Ringe schneiden. Das Grün beiseitelegen. Den Knoblauch schälen und in feine Würfel schneiden.

2 Die Tomaten kreuzweise einritzen und überbrühen, häuten, vierteln und entkernen. Die Gurke waschen, längs halbieren und die Kerne mit einem Teelöffel entfernen. Die Paprikaschoten längs halbieren, entkernen und waschen. Für die Einlage je ein Drittel der Tomaten, der Gurke und Paprika in kleine Würfel schneiden. Zusammen mit dem Frühlingszwiebelgrün zum Servieren kühl stellen.

3 Das restliche Gemüse in grobe Stücke schneiden und mit dem weißen Teil der Frühlingszwiebeln und dem Knoblauch in der Küchenmaschine fein pürieren. Das Weißbrot gut ausdrücken, zum Gemüsepüree geben und mit etwa 300 ml kaltem Wasser bis zur gewünschten Konsistenz weiterpürieren.

4 Mit Essig und Olivenöl abrunden und mit Salz, 1 Prise Zucker und Cayennepfeffer abschmecken. Vor dem Servieren mindestens 1 Stunde kühl stellen. Den Gazpacho auf Schälchen verteilen und mit den Gemüsewürfeln bestreut servieren.

FÜR 4 PERSONEN

2 Scheiben Toastbrot

3 Frühlingszwiebeln

1 Knoblauchzehe

600 g reife Tomaten

1 Salatgurke

je 1 rote und grüne Paprikaschote

1–2 EL Sherryessig

4–5 EL Olivenöl

Salz

Zucker

Cayennepfeffer

vegan

Grüner Gazpacho mit Gemüsewürfeln

FÜR 4 PERSONEN

1 Salatgurke (ca. 400 g)
1 große gelbe Paprikaschote
150 g Baby-Pak-Choi
4 Stangen Staudensellerie
(mit Grün)
2 dünne Frühlingszwiebeln
1 großer grüner Apfel
1 grüne Peperoni
2 Knoblauchzehen
1 Bund Petersilie
¼ l Apfelsaft
4 EL Olivenöl
1 EL Vollkornsemmelbrösel
4 EL Limettensaft
Salz · Pfeffer aus der Mühle

ZUBEREITUNG // ⏲ 20 min // ❄ 1 h

1 Die Gurke schälen. Die Paprika vierteln, entkernen und waschen. Pak Choi, Selleriestangen samt Grün und Frühlingszwiebeln putzen und waschen. Das Selleriegrün trocken schütteln und grob hacken. Ein Drittel des Gemüses in sehr feine Würfel schneiden und beiseitelegen. Restliches Gemüse grob schneiden. Apfel waschen, vierteln, entkernen und grob zerteilen. Grob geschnittenes Gemüse und den Apfel in einen Standmixer geben.

2 Die Peperoni längs halbieren, entkernen und waschen. Den Knoblauch schälen. Petersilie waschen, trocken schütteln und die Blätter abzupfen. Einige beiseitelegen, den Rest grob hacken. Peperoni, Knoblauch, Petersilie und Selleriegrün mit dem Apfelsaft ebenfalls in den Mixer geben, alles zuerst auf niedriger, dann auf höchster Stufe sehr fein pürieren. 2 EL Olivenöl und die Semmelbrösel hinzufügen und untermixen. Mit Limettensaft, Salz und Pfeffer würzen. 1 Stunde kühl stellen.

3 Die Gemüsesuppe auf Tassen verteilen und mit den feinen Gemüsewürfeln bestreuen. Das übrige Olivenöl darüberträufeln und den Gazpacho mit Petersilie garniert servieren.

Zitronenhähnchensuppe

mit Oliven und rotem Reis

FÜR 4 PERSONEN

1 Bio-Zitrone

3 Zweige Thymian

3 Zweige Rosmarin

1 Suppenhuhn (ca. 1½ kg)

5 weiße Pfefferkörner

50 g roter Reis (ersatzweise
schwarzer Reis oder Wildreis)

1 Fenchelknolle

2 Stangen Staudensellerie

2 Tomaten

20 g schwarze Oliven
(ohne Stein)

Salz · Pfeffer aus der Mühle

ZUBEREITUNG // ⏲ 30 min // ▨ 1 h 10 min

1 Für die Suppe die Zitrone heiß abwaschen und achteln. Thymian und Rosmarin waschen. Das Suppenhuhn ebenfalls von innen und außen waschen und den Bürzel entfernen. Die Zitronenachtel, die Kräuter, die Pfefferkörner und das Huhn in einen großen Topf geben, mit Wasser bedecken und etwa 1 Stunde köcheln lassen (das Fleisch soll sich leicht von den Knochen lösen).

2 Inzwischen den Reis nach Packungsanweisung garen, abgießen und abtropfen lassen. Den Fenchel und den Sellerie putzen, waschen und in Streifen schneiden. Die Tomaten waschen und in Würfel schneiden, dabei die Stielansätze entfernen.

3 Die Kräuter und das Huhn aus der Brühe nehmen. Die Brühe durch ein feines Sieb mit einem Mulltuch oder Küchenpapier in einen Topf abgießen und etwas einkochen lassen. Das Hühnerfleisch von den Knochen lösen, die Hälfte davon grob in Stücke zupfen, das restliche Fleisch anderweitig verwenden (z.B. für Frikassee) oder einfrieren.

4 Fenchel, Sellerie und Tomaten zur Brühe geben und bei mittlerer Hitze etwa 10 Minuten bissfest garen.

5 Den Reis, das Hähnchenfleisch und die Oliven in der Brühe erwärmen. Mit Salz und Pfeffer abschmecken. Die Suppe auf vier Teller verteilen und servieren.

TIPP *Bei rotem Reis handelt es sich um einen Vollkornreis, dessen Schale eine rötliche Färbung hat. Sein Geschmack ist leicht nussig und seine Konsistenz körnig.*

Kopfsalatsuppe mit Kerbel

ZUBEREITUNG // ⏱ 15 min // ▨ 30 min

1 Die Kartoffeln schälen, waschen und klein schneiden. Die Schalotte schälen und grob würfeln. Den Estragon waschen, trocken tupfen und die Blätter abzupfen. Die Butter in einem Topf erhitzen und die Schalotte darin andünsten. Die Kartoffelwürfel und den Estragon dazugeben und kurz mitdünsten. Die Brühe und die Sahne angießen. Die Kartoffeln bei mittlerer Hitze etwa 25 Minuten weich garen.

2 Den Kopfsalat putzen, waschen, trocken schleudern und grob schneiden. Den Kerbel waschen und trocken schütteln, 4 Stiele für die Garnitur beiseitelegen. Kopfsalat, Kerbel und die Crème fraîche in die Suppe geben und mit dem Stabmixer fein pürieren. Mit Salz und Pfeffer abschmecken.

3 Nach Belieben 4 kleine Gemüseflans (z.B. Schalottenflans) in tiefe Teller setzen. Die Suppe schaumig aufschlagen und um den Flan herum angießen. Vom beiseitegelegten Kerbel die Blätter abzupfen und die Suppe damit garnieren. Sofort servieren.

FÜR 4 PERSONEN

200 g vorwiegend festkochende Kartoffeln

1 Schalotte

2 Stiele Estragon

1 EL Butter

½ l Gemüsebrühe

200 g Sahne

1 Kopfsalat

1 Bund Kerbel

100 g Crème fraîche

Salz · Pfeffer aus der Mühle

FÜR 4 PERSONEN

150 g getrocknete Tomaten (in Öl)

2 EL Einlegeöl

2 TL Kapern

2 Knoblauchzehen

6 EL Olivenöl

1 EL gehackte Petersilie

Salz · Pfeffer aus der Mühle

1 Zwiebel

300 g gepalte Dicke Bohnen (frisch,
tiefgekühlt oder aus dem Glas)

1½ l Gemüsebrühe

3 Stiele Bohnenkraut

250 g grüner Spargel

2 kleine Zucchini (ca. 300 g)

600 g Tomaten

250 g gepalte Erbsen
(frisch oder tiefgekühlt)

Minestrone mit Salsa rossa

ZUBEREITUNG // ⏱ 20 min // 🍳 25 min

1 Salsa: Getrocknete Tomaten, Kapern und 1 geschälte Knoblauchzehe mit Tomateneinlegeöl und 4 EL Olivenöl mit dem Stabmixer fein pürieren. Die Petersilie untermischen und die Salsa mit Salz und Pfeffer abschmecken.

2 Zwiebel und übrige Knoblauchzehe schälen und in feine Würfel schneiden. Die Dicken Bohnen eventuell antauen oder abtropfen lassen. Das restliche Olivenöl in einem Topf erhitzen und Zwiebel und Knoblauch darin andünsten. Dicke Bohnen hinzufügen und etwa 3 Minuten andünsten. Mit der Brühe aufgießen und aufkochen. Das Bohnenkraut waschen, trocken schütteln und hinzufügen. Alles zugedeckt bei schwacher Hitze 7 Minuten köcheln lassen.

3 Den Spargel waschen und die holzigen Enden abschneiden. Die Stangen schräg in 3 bis 4 cm breite Stücke schneiden. Dann zu den Bohnen in den Topf geben und weitere 7 Minuten mitgaren.

4 Zucchini putzen, waschen und in 1 cm große Würfel schneiden. Tomaten überbrühen, häuten, vierteln, entkernen und in kleine Würfel schneiden. Zucchini, Tomaten und Erbsen hinzufügen. 5 Minuten köcheln lassen, abschmecken und mit der Salsa rossa servieren.

Mein Lieblingsrezept für...

eine sommerliche Vorspeise

MARINIERTE PAPRIKASCHOTEN

FÜR 4 PERSONEN

🕐 50 min // 🕐 20 min // 💧 1 h

1 Den Backofen auf 220 °C vorheizen. *2 rote Paprikaschoten* vierteln, entkernen und waschen. Mit der Hautseite nach oben in einen Bräter legen und im Ofen etwa 30 Minuten rösten.

2 Die Paprikaschoten herausnehmen, mit einem feuchten Küchentuch bedecken und 20 Minuten ruhen lassen. Dann die Haut von den gerösteten Paprikaschoten abziehen.

3 Für die Marinade *1 Knoblauchzehe* schälen und in feine Würfel schneiden. *1 EL Zitronensaft* mit *3 EL Olivenöl* verrühren und mit *Salz, Pfeffer aus der Mühle* und *etwas Honig* würzen. Die Paprikaschoten darin 1 Stunde marinieren.

4 Die Blätter von *4 Stielen Basilikum* und *1 Stiel Minze* waschen, trocken tupfen hacken und darüberstreuen. *2 EL Zedernkerne* in einer Pfanne ohne Fett rösten und mit *100 g Ziegenfrischkäse* zu den marinierten Paprikaschoten servieren.

Bunte Antipasti aus dem Backofen

ZUBEREITUNG // ⏱ 20 min **//** 💧 30 min **//** 🍳 20 min

1 Die Paprikaschoten längs vierteln, entkernen, waschen und in 4 bis 5 cm große Stücke schneiden. Die Zucchini putzen, waschen und schräg in etwa 1 cm dicke Scheiben schneiden. Die Pfifferlinge putzen, falls nötig, trocken abreiben und grob zerteilen. Tomaten waschen und halbieren. Rosmarin und Thymian waschen und trocken schütteln, Nadeln und Blätter abzupfen und fein hacken.

2 In einer Schüssel Zitronensaft, Essig, Salz und Pfeffer verquirlen, zuletzt das Olivenöl unterschlagen. Die vorbereiteten Gemüse, Pilze und Kräuter dazugeben und mit der Mari-

nade mischen. Zugedeckt 30 Minuten ziehen lassen, dabei häufiger wenden.

3 Den Backofen auf 200 °C vorheizen. Das Gemüse samt Marinade auf einem Backblech nebeneinander verteilen und im Ofen auf der untersten Schiene 15 bis 20 Minuten garen. Herausnehmen und abkühlen lassen.

4 Vor dem Servieren den Mozzarella abtropfen lassen und grob zerpflücken. Das Basilikum waschen und trocken schütteln, die Blätter abzupfen und grob hacken. Beides zum Servieren über die Antipasti geben.

FÜR 4 PERSONEN

je 1 rote und gelbe Paprikaschote

300 g kleine Zucchini

200 g Pfifferlinge (ersatzweise kleine Kräuterseitlinge)

200 g kleine Strauchtomaten

1 Zweig Rosmarin

6 Zweige Thymian

3 EL Zitronensaft

1 EL Aceto balsamico

Salz · Pfeffer aus der Mühle

6 EL Olivenöl

1 Kugel Büffelmozzarella (ca. 125 g)

4 Stiele Basilikum

1 Knoblauchzehe
4 Eier
4 EL tiefgekühlte Gartenkräuter
Salz · Pfeffer aus der Mühle
5 Cocktailtomaten
3–4 Stiele Basilikum
50 g Frischkäse
2 EL süßer Senf
1 EL Öl
1 TL Butter
100 g Räucherlachs (in Scheiben)
½ Kästchen Kresse

Kräuteromelett mit Räucherlachs

ZUBEREITUNG // ⏲ 15 min

1 Den Knoblauch schälen und in feine Würfel schneiden. Die Eier mit den tiefgekühlten Kräutern und dem Knoblauch gut verquirlen. Leicht mit Salz und Pfeffer würzen.

2 Die Tomaten waschen und in Scheiben schneiden. Das Basilikum waschen und trocken tupfen, die Blätter abzupfen. Den Frischkäse mit dem Senf verrühren und mit Salz und Pfeffer abschmecken.

3 Das Öl und die Butter in der Pfanne erhitzen und die Eiermasse hineingießen. Eine Hälfte mit Tomaten und Basilikum belegen und mit geschlossenem Deckel bei mittlerer Hitze

2 Minuten backen. Dann die Eiermasse vorsichtig vom Pfannenboden lösen.

4 Die Senf-Frischkäse-Mischung auf der belegten Omeletthälfte verteilen und den Räucherlachs darauflegen. Mit geschlossenem Deckel weiterbacken, bis das Omelett gestockt ist. Dann über der Füllung zusammenklappen und 1 Minute ziehen lassen.

5 Die Kresse vom Beet abschneiden, waschen und trocken tupfen. Das Omelett halbieren und auf zwei Teller verteilen. Mit grob gemahlenem Pfeffer und der Kresse bestreut servieren.

das ist
unser ♥
Liebling

Zucchinipuffer
mit Apfel-Kräuter-Tatar

FÜR 4 PERSONEN

½ Bio-Zitrone
4 säuerliche Äpfel (ca. 600 g)
1 TL flüssiger Honig
½ Bund gemischte Kräuter
(z.B. Basilikum, Petersilie,
Sauerampfer, Schnittlauch)
1 grüne Chilischote
500 g festkochende Kartoffeln
300 g Zucchini
1 Zwiebel
60 g Dinkelvollkornmehl
1 Ei
Salz · Pfeffer aus der Mühle
frisch geriebene Muskatnuss
5–6 EL Olivenöl

ZUBEREITUNG // ⏱ 1 h

1 Für das Tatar die Zitronenhälfte heiß waschen und abtrocknen, die Schale fein abreiben und den Saft auspressen. Die Äpfel vierteln, schälen, entkernen und in möglichst kleine Würfel schneiden. Sofort mit Zitronenschale und -saft sowie dem Honig mischen.

2 Die Kräuter waschen und trocken schütteln, die Blätter abzupfen und fein hacken, den Schnittlauch in feine Röllchen schneiden. Die Chili längs halbieren, entkernen, waschen und in feine Würfel schneiden. Kräuter und Chili unter die Apfelwürfel heben und das Tatar bis zum Servieren kühl stellen.

3 Für die Puffer die Kartoffeln schälen, sehr fein reiben und in einem Sieb 20 Minuten abtropfen lassen, dabei die Flüssigkeit auffangen. Die Abtropfflüssigkeit vorsichtig abgießen und die abgesetzte Kartoffelstärke beiseitestellen.

4 Inzwischen die Zucchini putzen, waschen und grob raspeln. Zwiebel schälen und in feine Würfel schneiden. Beides mit Mehl und Ei unter die Kartoffelmasse mischen. Mit Salz, Pfeffer und Muskatnuss würzen, die abgesetzte Kartoffelstärke unterrühren.

5 Das Öl in einer großen beschichteten Pfanne erhitzen. Aus der Puffermasse portionsweise kleine Häufchen in die Pfanne geben und flach streichen. Die Puffer bei mittlerer Hitze auf beiden Seiten 4 Minuten braten. Gebratene Puffer im vorgeheizten Backofen bei 80°C warm halten. Sobald alle gebraten sind, die Puffer mit dem Apfel-Kräuter-Tatar anrichten.

TIPP   *Wandeln Sie die Zucchinipuffer nach Lust und Laune mit anderen geraspelten Gemüsen wie Knollensellerie, Möhren oder Hokkaidokürbis ab.*

Tomatenmousse auf Blattsalat

ZUBEREITUNG // ⏱ 25 min // ❄ 4 h (am besten über Nacht)

1 Die Gelatine einweichen. Die Basilikumblätter abzupfen und grob hacken. Mit Tomaten, Tomatenmark und 1 EL Olivenöl mit dem Stabmixer fein pürieren.

2 Die Gelatine tropfnass in einem kleinen Topf bei schwacher Hitze unter Rühren auflösen. Ein Viertel des Tomatenpürees mit dem Schneebesen unterrühren. Dann die Gelatinemischung unter das restliche Tomatenpüree rühren, mit Salz und Tabasco würzen und 20 Minuten kühl stellen.

3 Die Sahne steif schlagen und unter das etwas gelierte Tomatenpüree heben. Die Mousse in eine Schüssel füllen und zugedeckt 4 Stunden im Kühlschrank fest werden lassen.

4 Für den Salat Essig, 2 EL Wasser, Salz, Pfeffer und übriges Öl zu einer Vinaigrette verrühren. Die Cocktailtomaten waschen und halbieren. Die Salatblätter waschen, gut abtropfen lassen und mit den Tomaten unter die Vinaigrette heben. Den Salat auf Teller verteilen. Aus der Tomatenmousse mit zwei angefeuchteten Teelöffeln kleine Nocken ausstechen und auf dem Salat anrichten.

das ist richtig lecker!

FÜR 4 PERSONEN

3 Blatt Gelatine

2–3 Stiele Basilikum

200 g stückige Tomaten (aus der Dose)

1 EL Tomatenmark

5 EL Olivenöl

Salz

2–3 Spritzer Tabasco

100 g Sahne

2 EL Balsamico bianco

Pfeffer aus der Mühle

150 g bunte Cocktailtomaten

200 g junge Salatblätter

(z.B. Mangold, Spinat, Rote Bete)

FÜR 4 PERSONEN

2 rote Paprikaschoten

Salz · Pfeffer aus der Mühle

1 kleine Zucchini

400 g Tofu

4 Knoblauchzehen

2 Stiele Salbei

4 Zweige Rosmarin

6 EL Olivenöl

4 EL Pinienkerne

Mediterranes Gemüse mit Tofuscheiben

ZUBEREITUNG // ⏱ 30 min // ▣ 15 min

1 Die Paprikaschoten vierteln, rösten und häuten (siehe S. 40). Die Schoten in Streifen schneiden, mit Salz und Pfeffer würzen und warm halten.

2 Die Zucchini putzen, waschen und in dünne Scheiben schneiden. Den Tofu in fingerdicke Scheiben schneiden. Den Knoblauch schälen und längs halbieren. Salbei und Rosmarin waschen und trocken schütteln, die Salbeiblätter abzupfen.

3 Die Zucchinischeiben in einer Pfanne im Olivenöl mit Knoblauch, Salbeiblättern und Rosmarinzweigen hellbraun braten (falls Knob-lauch oder Kräuter zu dunkel werden, vorher wieder entfernen). Die Zucchinischeiben aus der Pfanne nehmen und warm halten, Knoblauch und Kräuter entfernen.

4 Dann den Tofu auf beiden Seiten im verbliebenen Kräuteröl braten, mit Salz und Pfeffer würzen.

5 Den Tofu mit Zucchinischeiben und Paprika sowie nach Belieben mit den gebratenen Kräutern auf Teller verteilen und mit den Pinienkernen bestreuen.

GEMÜSE, FISCH & FLEISCH

Geheimrezept

Lasagne mit Hackfleisch, Linsen und Quinoa

FÜR 5–6 PERSONEN

50 g rote Quinoa

30 g gelbe oder rote Linsen

800 g–1 kg gemischtes Gemüse
(z.B. 1 Fenchelknolle,
2–3 Möhren,
2 Stangen Staudensellerie,
50 g Erbsen und ½ Kohlrabi)

2 Zwiebeln

3 Knoblauchzehen

1 haselnussgroßes Stück Ingwer

1–2 EL mildes Kokos- oder
Avocadoöl

250 g Rinderhackfleisch

Meersalz

80 g Tomatenmark

je 1 TL fein gehackter Salbei,
Rosmarin, Thymian und Oregano

½ TL Kurkumapulver

Pfeffer aus der Mühle

6 Lasagneblätter

50 g Ziegenfrischkäse

150 g geriebener Ziegengouda

Basilikumblätter zum Garnieren

ZUBEREITUNG // ⏱ 25 min // 🍳 1 h

1 Quinoa und Linsen in einem Sieb abbrausen und abtropfen lassen. Beides mit 210 ml Wasser in einem beschichteten Topf bei mittlerer Hitze aufkochen und zugedeckt 25 Minuten köcheln lassen.

2 Das Gemüse je nach Sorte putzen und waschen bzw. schälen und in kleine Würfel schneiden. Zwiebeln, Knoblauch und Ingwer schälen und in feine Würfel schneiden und in 1 EL Öl bei mittlerer Hitze glasig dünsten. Das Hackfleisch hinzufügen und bei starker Hitze anbraten und mit Salz würzen. Das Gemüse dazugeben und alles bei mittlerer Hitze unter ständigem Rühren 3 Minuten leicht anrösten.

3 Das Tomatenmark unterrühren und 330 ml Wasser angießen. Die getrockneten Kräuter, Kurkuma und 1 Prise Salz hinzufügen und die Sauce zugedeckt etwa 10 Minuten köcheln lassen, dabei gelegentlich umrühren. Den Backofen auf 180 °C Umluft vorheizen.

4 Die Quinoa-Linsen-Mischung unter die Sauce rühren und mit Salz und Pfeffer abschmecken. Etwa 4 EL davon in einer Auflaufform (20 × 30 cm) verteilen. 2 Lasagneblätter einschichten und mit einer weiteren Schicht Sauce bedecken. Wieder 2 Lasagneblätter einschichten und so weiter verfahren, bis alles verbraucht ist, dabei mit einer Gemüse-Hackfleisch-Schicht abschließen.

5 Den Ziegenfrischkäse mit etwa 4 EL Wasser glatt rühren und auf der obersten Lasagneschicht verstreichen, darauf den geriebenen Käse verteilen. Die Lasagne im Ofen auf der mittleren Schiene 25 bis 30 Minuten backen. Die Lasagne mit Basilikumblättern garniert servieren.

Gefüllte Tomaten mit Ziegenkäse

ZUBEREITUNG // ⏱ 35 min

1 Die Linsen in einem Topf in Salzwasser bei schwacher Hitze 5 bis 10 Minuten garen, bis sie weich sind, aber nicht zerfallen. In ein Sieb abgießen und abtropfen lassen.

2 Die Frühlingszwiebel putzen, waschen und in feine Ringe schneiden. Die Chilischote längs halbieren, entkernen, waschen und in feine Würfel schneiden.

3 Linsen mit Frühlingszwiebel, Chili und Joghurt mischen und mit Kreuzkümmel, Kurkuma, Zimt, Zitronensaft, Salz und Pfeffer würzen. Den Backofen auf 200 °C vorheizen.

Die Tomaten waschen, oben einen Deckel abschneiden und mit einem kleinen Löffel die Kerne und das Fruchtfleisch herauslösen. Den Ziegenkäse in Scheiben schneiden.

4 Eine ofenfeste Form einfetten, die Tomaten hineinsetzen, mit dem Linsengemüse füllen und mit dem Ziegenkäse belegen. Im Ofen auf der mittleren Schiene etwa 15 Minuten garen, bis der Käse goldbraun ist und die Tomaten beginnen aufzuplatzen.

FÜR 4 PERSONEN

100 g rote Linsen

Salz

1 Frühlingszwiebel

1 kleine rote Chilischote

2 EL Naturjoghurt

1 TL gemahlener Kreuzkümmel

½ TL gemahlene Kurkuma

1 Msp. Zimtpulver

2 EL Zitronensaft

Pfeffer aus der Mühle

4 große Tomaten (z.B. Ochsenherz- oder Fleischtomaten)

50 g Ziegenweichkäse

Olivenöl für die Form

FÜR 4 PERSONEN

4 Auberginen

Salz

180 g Bulgur

2 Knoblauchzehen

3 Frühlingszwiebeln

2 Stangen Staudensellerie

1 Möhre

5–6 EL Olivenöl

4 EL Pinienkerne

4 EL Rosinen

½ TL Kurkumapulver

1 TL Chilipulver

Pfeffer aus der Mühle

Gefüllte Auberginen
mit Bulgur und Rosinen

ZUBEREITUNG // ⏱ 40 min

1 Die Auberginen waschen, längs halbieren, das Fruchtfleisch mit einem Löffel herausschaben, klein schneiden und beiseitestellen. Die Auberginenhälften innen salzen.

2 Den Bulgur in 360 ml kochendes Salzwasser geben, einmal aufkochen, vom Herd nehmen und 20 Minuten ausquellen lassen.

3 Den Knoblauch schälen und in feine Würfel schneiden. Die Frühlingszwiebeln putzen, waschen und in Ringe schneiden. Den Sellerie putzen, waschen und in feine Würfel schneiden. Die Möhre putzen, schälen und fein raspeln. Das Gemüse in 2 bis 3 EL Öl andün-

sten. Pinienkerne, Rosinen, Kurkuma- und das Chilipulver dazugeben und kurz weiterdünsten. Den aufgelockerten Bulgur unterrühren und mit Salz und Pfeffer würzen. Beiseitestellen.

4 Den Backofen auf 180 °C vorheizen. Die Auberginenhälften trocken tupfen, innen mit dem restlichen Olivenöl bestreichen und in eine ofenfeste Form setzen. Mit der Bulgur-Gemüse-Mischung füllen und im Ofen auf der mittleren Schiene etwa 20 Minuten garen. Dazu passt am besten ein Joghurt-Dip.

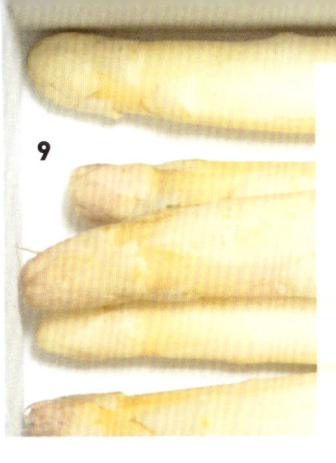

9

Grün, grün, grün…

… sind vielerlei Blattsalate, Kräuter, Spross-gemüse wie Spargel und Rübengewächse wie Kohlrabi, Mangold und Mairübchen. Ob im Salat, als Rohkost oder bissfest gegart: Grünes passt immer!

10

1_ PORTULAK schmeckt im Salat oder klein geschnitten im Quark oder Brotaufstrich.

2_ GRÜNE BOHNEN überzeugen in Form und Geschmack auf der ganzen Linie.

3_ DILL und Gurken sind ein prima Duo, er passt aber auch besonders gut zu Fisch.

4_ GRÜNER SPARGEL ist robuster und geschmacksintensiver als sein weißes Pendant.

5_ LOLLO ROSSO: der Krauskopf mit dem kräftigen Aroma ist ein Hingucker im Salat.

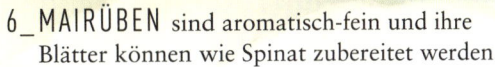

11

6_ MAIRÜBEN sind aromatisch-fein und ihre Blätter können wie Spinat zubereitet werden.

7_ FRÜHLINGSZWIEBELN sorgen roh in Ringe geschnitten für den nötigen Pep.

8_ KOPFSALAT vom Feld ist kompakt und sollte baldmöglichst verzehrt werden.

9_ WEISSER SPARGEL ist ein besonders edles Gemüse und hat nur wenige Wochen Saison.

10_ MANGOLD mit mildem Blattwerk und extra-knackigen (teils farbigen) Stielen.

11_ KOHLRABI laden zum Knabbern ein: als Rohkost super-saftig und gesund!

12_ SPITZKOHL ist die besonders zarte Sommer-Variante des Weißkohls.

12

Päckchen mit Babyzucchini und Tomaten

ZUBEREITUNG // ⏱ 15 min // ▣ 30 min

1 Den Backofen auf 150 °C Umluft vorheizen.
Vier Bögen Pergament- oder Backpapier auf
der Arbeitsfläche ausbreiten. Die Zucchini
putzen, waschen und längs halbieren. Die
Tomaten waschen und auf Küchenpapier
abtropfen lassen.

2 Die Tomaten und die Zucchini auf den
Papierbögen verteilen, mit Salz und Pfeffer
würzen und mit dem Olivenöl beträufeln.
Die Papiere über der Füllung einschlagen und
an den Enden zusammenknüllen.

3 Die Zucchini-Tomaten-Päckchen im Ofen auf
der mittleren Schiene etwa 30 Minuten garen,
dann die Päckchen oben öffnen und das Gemüse mit Basilikumblättern garniert servieren. Dazu passt Knoblauchbaguette.

FÜR 4 PERSONEN

500 g Babyzucchini

500 g Cocktailtomaten (an der Rispe)

Salz · Pfeffer aus der Mühle

4 EL kalt gepresstes Olivenöl

Basilikumblätter zum Garnieren

das ist ruck, zuck fertig

FÜR 4 PERSONEN

1 Mangold (ca. 500 g)

Salz

250 g rohe, geschälte Scampi

8 Eier

50 ml Milch

Salz · Pfeffer aus der Mühle

1 Rolle Blätterteig

(aus dem Kühlregal; ca. 275 g)

Quiche mit Mangold und Scampi

ZUBEREITUNG // ⏱ 15 min // ▣ 35 min

1 Backofen auf 200 °C Umluft vorheizen. Den Mangold putzen, waschen, abtropfen lassen und in 2 bis 3 cm breite Streifen schneiden. Den Mangold in kochendem Salzwasser etwa 2 Minuten blanchieren, in Eiswasser abschrecken und gut abtropfen lassen.

2 Die Scampi in einem Sieb abbrausen und auf Küchenpapier abtropfen lassen. Die Eier mit der Milch verquirlen und mit Salz und Pfeffer würzen.

3 Ein Backblech (ca. 20 × 30 cm) mit Backpapier belegen, den entrollten Blätterteig darauflegen und rundherum einen kleinen Rand formen. Den Mangold und die Scampi auf dem Teig verteilen und mit der Eiermilch übergießen.

4 Die Quiche im Ofen 30 bis 35 Minuten goldbraun backen und heiß servieren.

das ist
wie
Urlaub

Meeresfrüchte-Paella

FÜR 4 PERSONEN

200 g gemischte Muscheln
(z.B. Venusmuscheln, Miesmuscheln)

4 Riesengarnelen
(ohne Kopf, geschält)

100 g Kalamaretti (küchenfertig)

400 g Fischfilet (z.B. Kabeljau,
Dorade, Saibling, Lachs)

4 Schalotten

4 Knoblauchzehen

50 ml Olivenöl

250 g Paella-Reis

1 Tütchen Safranpulver (0,2 g)

Salz · Cayennepfeffer

50 ml Noilly Prat (franz. Wermut)

50 ml Weißwein

600 ml Fischfond

1 rote Paprikaschote

1 Zucchini

100 g Zuckerschoten

12 Cocktailtomaten

4 Stangen zarter Lauch

100 g junge Erbsen

4 Jakobsmuscheln (küchenfertig)

Öl zum Braten

ZUBEREITUNG // ⏱ 25 min // ◉ 25 min

1 Die Muscheln unter fließendem kaltem Wasser gründlich säubern. Geöffnete Muscheln aussortieren. Die Riesengarnelen am Rücken entlang einschneiden und den Darm entfernen. Garnelen abbrausen und abtropfen lassen. Die Kalamaretti und das Fischfilet waschen, trocken tupfen und in mundgerechte Stücke schneiden.

2 Schalotten und Knoblauch schälen und in feine Würfel schneiden. Das Olivenöl in einer Paellapfanne erhitzen, Schalotten und Knoblauch darin andünsten. Kalamaretti hinzufügen. Reis sowie Safran, Salz und Cayennepfeffer dazugeben und kurz anrösten. Mit Wermut und Wein ablöschen. Die Hälfte des Fonds dazugießen und alles zugedeckt etwa 10 Minuten garen.

3 Die Paprikaschote längs halbieren, entkernen, mit dem Sparschäler schälen und in Würfel schneiden. Zucchini putzen, waschen und ebenfalls in Würfel schneiden. Zuckerschoten und Tomaten waschen und halbieren. Den Lauch putzen, waschen und in Ringe schneiden. Den übrigen Fond zum Reis gießen. Muscheln, Garnelen, vorbereitete Gemüse und Erbsen auf der Paella verteilen und zugedeckt weitere 5 Minuten garen.

4 Die Jakobsmuscheln mit Salz und Cayennepfeffer würzen. Das Öl in einer Grillpfanne erhitzen und die Jakobsmuscheln und die Fischstücke bei starker Hitze auf beiden Seiten braten, bis sich das typische Grillmuster zeigt.

5 Die Fischstücke und die Jakobsmuscheln auf der Paella verteilen und alles weitere 5 Minuten fertig garen. Dazu passt am besten frisches Weißbrot und eine Knoblauchmayonnaise (Aioli).

Gedämpftes Lachsfilet
mit Balsamico-Tomaten

FÜR 4 PERSONEN

4 Stücke Lachsfilet (à ca. 150 g)
Salz · Pfeffer aus der Mühle
8 Bio-Zitronenscheiben
4 Stiele Estragon
600 g bunte Cocktailtomaten
1 Zweig Rosmarin
2 Zweige Thymian
150 g Rucola
2 kleine Zwiebeln
2 Knoblauchzehen
3 EL Olivenöl
2 EL Aceto balsamico

ZUBEREITUNG // ⊙ 25 min

1 Die Lachsfilets waschen, trocken tupfen und mit Salz und Pfeffer würzen. Die Zitronenscheiben in einen Dämpfeinsatz legen und die Lachsstücke darauflegen. Den Estragon waschen und trocken tupfen, die Blätter abzupfen, fein hacken und über den Lachs streuen.

2 Im Dämpftopf 2 bis 3 cm hoch Salzwasser aufkochen und den Lachs zugedeckt bei mittlerer Hitze 8 bis 10 Minuten dämpfen.

3 Die Tomaten waschen und halbieren. Rosmarin und Thymian waschen und trocken tupfen. Rucola verlesen, waschen, trocken schütteln und grobe Stiele entfernen. Die Blätter grob hacken. Die Zwiebel und den Knoblauch schälen und in feine Würfel schneiden.

4 Zwiebel und Knoblauch im Olivenöl andünsten. Tomaten, Rosmarin, Thymian und Essig dazugeben und alles zugedeckt etwa 3 Minuten dünsten. Dann Thymian und Rosmarin wieder entfernen und den Rucola unterheben. Mit Salz und Pfeffer würzen und zum gedämpften Lachs servieren.

FÜR 4 PERSONEN

4 große oder 8 kleine Rotbarben
(küchenfertig)
2 EL Zitronensaft
Salz · Pfeffer aus der Mühle
4 Bio-Zitronen
4 EL schwarze Oliven
(ohne Stein)
4 EL Olivenöl
1 Ciabatta

Rotbarbe in Pergament

ZUBEREITUNG // 🕐 15 min // 🍳 30 min

1 Den Backofen auf 180 °C vorheizen. Die Rotbarben innen und außen waschen und trocken tupfen. Mit Zitronensaft beträufeln und mit Salz und Pfeffer würzen.

2 Die Zitronen heiß waschen, trocken reiben, 1 Zitrone in Spalten schneiden und beiseitelegen. Die restlichen Zitronen in dünne Scheiben schneiden und die Bauchhöhlen der Rotbarben damit füllen.

3 Die Oliven vierteln. Die Fische auf jeweils 1 Stück Pergamentpapier legen. Die Olivenviertel darauf verteilen und mit jeweils 1 EL Olivenöl beträufeln. Das Papier über den Fi-

schen zusammenfalten und die Enden so einschlagen, dass das Päckchen geschlossen bleibt. Auf ein Backblech legen und im Ofen auf der mittleren Schiene 25 bis 30 Minuten garen.

4 Die Päckchen herausnehmen, auf Tellern anrichten und öffnen. Mit den beiseitegelegten Zitronenspalten garnieren und mit dem in dicke Scheiben geschnittenen Ciabatta servieren.

Mein Lieblingsrezept für...
ein Fleischgericht

GESCHMORTES ZITRONENHÄHNCHEN MIT OLIVEN

FÜR 4 PERSONEN // ⏱ 25 min // 🍲 1 h

1 Von *1 gewaschenen Bio-Zitrone* die Schale mit einem Zestenreißer in feinen Streifen abziehen. Das Weiße abschneiden und die Zitrone in feine Scheiben schneiden. Den Backofen auf 100 °C vorheizen.

2 Die Zitronenscheiben in eine ofenfeste Form legen. *800 g Hähnchenbrustfilets* waschen, trocken tupfen und darauflegen und mit *2 EL Olivenöl* bestreichen. *Mit 2 EL schwarzen Olivenscheiben* und den Zitronenzesten belegen. Im Ofen auf der mittleren Schiene etwa 1 Stunde garen, bis das Fleisch eine Kerntemperatur von knapp 70 °C erreicht hat.

3 Weißweinsauce: *1 Zwiebel* schälen, in feine Würfel schneiden und in *1 EL Butter* andünsten. Mit *200 ml trockenem Weißwein* ablöschen und etwas einkochen lassen. *200 ml Gemüsebrühe* angießen, wieder etwas einkochen lassen, dann *100 g Sahne* angießen.

4 Vor dem Servieren *25 g kalte Butter* stückchenweise mit dem Stabmixer unter die Sauce rühren und sie damit binden (montieren).

5 Das Zitronenhähnchen mit der Weißweinsauce servieren. Dazu passt am besten frisches Weißbrot und ein Salat.

Hackröllchen mit gelber Paprikasalsa

FÜR 4 PERSONEN

4 gelbe Paprikaschoten
2 Schalotten
6 EL Öl
4 EL Crème fraîche
4 EL fein gehackte Petersilie
Salz · Pfeffer aus der Mühle
500 g Rinderhackfleisch
2 EL Tomatenmark
2 Knoblauchzehen

ZUBEREITUNG // 🕐 35 min

1 Den Backofengrill einschalten. Die Paprikaschoten längs vierteln, entkernen, waschen und mit den Schnittflächen nach unten auf ein Backblech legen. Die Schoten unter dem Backofengrill 10 bis 15 Minuten garen, bis die Haut dunkel wird und Blasen wirft. Dann aus dem Ofen nehmen, mit einem feuchten Tuch bedecken und abkühlen lassen.

2 Inzwischen die Schalotte schälen und in feine Würfel schneiden. In einer Pfanne (am besten in der Pfanne, in der später auch die Hackröllchen gebraten werden) 2 EL Öl erhitzen und die Schalottenwürfel darin andünsten. Das Öl mit den Schalotten durch ein feines Sieb in eine Schüssel gießen, die Schalotten entfernen.

3 Die abgekühlten Paprikaschoten häuten, klein schneiden und in einen hohen Rührbecher geben. Crème fraîche und Zwiebelöl hinzufügen und alles mit dem Stabmixer fein pürieren. Die Petersilie untermischen und die Paprikasalsa mit Salz und Pfeffer würzen.

4 Für die Hackfleischröllchen das Hackfleisch mit dem Tomatenmark mischen. Die Knoblauchzehen schälen, in feine Scheiben schneiden und in einer Pfanne in 1 EL Öl kurz andünsten. Die Knoblauchscheiben aus dem Öl nehmen und das Knoblauchöl zur Hackfleischmasse geben. Alles gut verkneten und mit Salz und Pfeffer würzen.

5 Aus der Hackmasse mit angefeuchteten Händen fingerdicke kurze Rollen formen. Die Hackröllchen in einer Pfanne im übrigen Öl rundum etwa 5 Minuten braun braten. Die Röllchen mit der Salsa auf Tellern anrichten und nach Belieben mit gehackter Petersilie bestreuen.

TIPP *Für Knoblauchöl auf Vorrat einfach 4 Knoblauchzehen schälen, längs halbieren, in ein Schraubglas geben und mit 100 ml Raps- oder Olivenöl aufgießen. Im Kühlschrank ein, zwei Tage ziehen lassen, dann innerhalb von einer Woche verbrauchen.*

das ist richtig lecker

Filetspieße mit Tomatenreis

ZUBEREITUNG // ⏱ 15 min // 🍳 25 min

1 Das Rinderfilet in 2 cm große Würfel schneiden und auf die Spieße stecken. Den Ingwer schälen, fein reiben und mit Sojasauce, Zucker und 4 EL Öl verrühren. Die Filetspieße darin ziehen lassen.

2 In einem Topf 200 ml Salzwasser aufkochen. Den Reis darin zugedeckt bei schwacher Hitze 20 Minuten gar ziehen lassen.

3 Die Tomaten waschen und klein schneiden, dabei Kerne und Stielansätze entfernen. Den Oregano waschen und trocken schütteln, die Blätter abzupfen und grob hacken.

4 Zwiebel und Knoblauch schälen, in feine Würfel schneiden und in einem Topf im restlichen Öl andünsten. Das Paprikapulver mit den Tomaten dazugeben. Aufkochen und etwa 15 Minuten köcheln lassen. Den Oregano zu den Tomaten geben und mitgaren. Gegen Ende der Garzeit die Tomaten mit Salz, Zitronensaft, 1 Prise Zucker und Pfeffer würzen und den gegarten Reis untermischen.

5 Die marinierten Spieße etwas abtropfen lassen und in einer großen Pfanne ohne Fett bei starker Hitze rundum wenige Minuten braten. Auf dem Tomatenreis servieren.

FÜR 4 PERSONEN

400 g Rinderfilet

12 große Holzspieße

25 g Ingwer

8 EL Tamari-Sojasauce

2 EL Zucker

7 EL Öl · Salz

200 g weißer Langkornreis

4 mittelgroße runde Tomaten
(ersatzweise 2 kleine Fleischtomaten)

5–6 Stiele Oregano

2 Zwiebeln

2 Knoblauchzehen

2 gestr. TL Paprikapulver (rosenscharf)

2 Spritzer Zitronensaft

Pfeffer aus der Mühle

FÜR 4 PERSONEN

3 Entenbrustfilets (à ca. 300 g)
Salz · Pfeffer aus der Mühle
500 g vorwiegend festkochende
Kartoffeln (z.B. Bamberger Hörnchen)
2 große Knoblauchzehen
4 Zweige Rosmarin
5 EL Olivenöl

Entenbrust aus dem Ofen
mit Rosmarinkartoffeln

ZUBEREITUNG // ⏱ 15 min // ⏸ 30 min // ◰ 45 min

1 Entenbrüste waschen und trocken tupfen,
die Haut mehrmals schräg im Abstand von
einigen Zentimetern einschneiden, dabei möglichst nicht ins Fleisch schneiden. Die Haut
mit Salz würzen und leicht einmassieren.
Den Backofen auf 80 °C vorheizen.

2 Eine beschichtete Pfanne ohne Fett erhitzen
und die Entenbrüste darin auf der Haut bei
starker Hitze 3 bis 4 Minuten anbraten. Wenden und auch die Fleischseite 1 bis 2 Minuten
anbraten. Das Fleisch herausnehmen, rundum
mit Pfeffer würzen, in einen Bräter legen
und im Ofen auf der mittleren Schiene etwa
45 Minuten garen (Kerntemperatur 65 °C).

3 Die Kartoffeln schälen und in etwa 3 mm
dicke Scheiben schneiden. Den Knoblauch
schälen und längs halbieren. Den Rosmarin
waschen und trocken tupfen. Wenn die En-
tenbrust etwa 25 Minuten im Ofen ist, die
Kartoffeln in einer Pfanne in 2 EL Olivenöl
kross braten. Dabei die Scheiben erst wenden,
wenn sie auf der Unterseite gebräunt sind.
Zuletzt die Knoblauchhälften und den Rosmarin mitbraten, bei Bedarf noch etwas Olivenöl hinzufügen.

4 Die Entenbrüste herausnehmen, schräg in
Scheiben schneiden und mit den Kartoffeln
servieren.

Schweinefilet im Kräutermantel
mit gebackenem Gemüse

FÜR 4 PERSONEN

2 Handvoll frischer Thymian
8–10 frische Lorbeerblätter
1 Schweinefilet (ca. 600 g)
Salz · Pfeffer aus der Mühle
3 EL flüssige Butter
3 rote Zwiebeln
4 Stangen Staudensellerie
500 g Süßkartoffeln
500 g Auberginen
5 EL Olivenöl
grobes Meersalz

ZUBEREITUNG // ⏱ 20 min // ▣ 25 min

1 Den Backofen auf 180 °C Umluft vorheizen, ein Backblech mit Backpapier belegen. Die Kräuter waschen und trocken schütteln bzw. tupfen. Das Schweinefilet waschen, trocken tupfen und Fett und Häute entfernen.

2 Das Fleisch mit Salz und Pfeffer würzen, die Kräuter um das Filet herum anlegen und mit Küchengarn festbinden. Das Filet auf das Backblech legen und mit der flüssigen Butter beträufeln.

3 Die Zwiebeln schälen und in schmale Spalten schneiden. Den Sellerie putzen, waschen und in etwa 2 cm lange Stücke schneiden. Die Süßkartoffeln schälen, die Auberginen putzen und waschen. Beides in etwa 4 mm dicke Scheiben schneiden. Das Gemüse mit dem Olivenöl mischen und auf dem Backblech um das Fleisch herum verteilen.

4 Fleisch und Gemüse im Ofen auf der mittleren Schiene etwa 25 Minuten garen. Das Küchengarn vom Filet entfernen und das Fleisch in dicke Scheiben schneiden. Das Gemüse mit grobem Meersalz und mit Pfeffer würzen und auf Schälchen verteilt zum Fleisch servieren.

TIPP *Es muss nicht immer Filet sein … Man kann für dieses Gericht auch Schweinelende verwenden und lässt es etwas länger im Ofen. Wer ein Fleischthermometer hat, gart die Lende, bis sie eine Kerntemperatur von 70°C erreicht hat.*

FÜRS SOMMERFEST

das ist
richtig
lecker!

Bunter Bohnensalat
mit gegrillter Paprika

FÜR 4 PERSONEN

2 gelbe Paprikaschoten

200 g grüne Bohnen

200 g Keniabohnen

200 g Zuckerschoten

200 g frische Käferbohnen

(Feuerbohnen)

Salz

2 EL Öl

1 Zwiebel

2 Stiele Estragon

2 EL Olivenöl

100 g getrocknete Tomaten (in Öl)

Pfeffer aus der Mühle

4 Scheiben Frühstücksspeck

Saft von 1 Bio-Limette

ZUBEREITUNG // ⏱ 50 min

1 Den Backofen auf 220 °C vorheizen. Die Paprikaschoten vierteln, entkernen und waschen. Mit der Hautseite nach oben in einen Bräter legen und im Ofen etwa 30 Minuten rösten. Die Paprikaschoten herausnehmen, mit einem feuchten Küchentuch bedecken und 20 Minuten ruhen lassen. Dann die Haut von den gerösteten Paprikaschoten abziehen (siehe S. 40).

2 Die grünen Bohnen und die Keniabohnen putzen, waschen und halbieren. Die Zuckerschoten putzen, waschen und schräg in Stücke schneiden. Grüne Bohnen, Keniabohnen, Zuckerschoten und Käferbohnen in kochendem Salzwasser bissfest garen. In ein Sieb abgießen, kalt abschrecken und trocken tupfen.

3 Die Zwiebel schälen und in feine Würfel schneiden. Den Estragon waschen, trocken tupfen und die Blätter abzupfen. Das Olivenöl in einer Pfanne erhitzen und die Zwiebel, die Bohnen und die getrockneten Tomaten darin etwa 5 Minuten anbraten. Mit Salz und Pfeffer würzen. Die Speckscheiben separat in einer Pfanne ohne Fett knusprig braten.

4 Die Paprikaschoten in Stücke schneiden. Den Bohnensalat in eine Schüssel geben und die Paprikastücke untermischen. Den Salat mit Limettensaft und Estragon verfeinern. Den Speck grob zerbröseln und darüberstreuen.

INFO   *Keniabohnen sind besonders dünne, zarte und samenlose grüne Bohnen. Sie sind praktisch faserfrei und haben ein extra-feines Aroma.*

Mein Lieblingsrezept für...
einen Partysalat

BROTSALAT

FÜR 4 PERSONEN // ⏱ 30 min

1 *200 g Ciabatta* (vom Vortag) in Würfel schneiden. *1 Zweig Rosmarin* waschen, trocken schütteln, die Nadeln abzupfen und fein hacken. Die Brotwürfel mit Rosmarin und etwas *Salz* mischen. In einer Pfanne *4 EL Olivenöl* erhitzen und die Brotwürfel mit dem Rosmarin darin unter Wenden knusprig braten. *1 Knoblauchzehe* schälen, in feine Würfel schneiden und zum Schluss dazugeben.

2 *2 Frühlingszwiebeln* putzen und waschen, *15 Cocktailtomaten* und *200 g Salatgurke* waschen, *½ gelbe Paprikaschote* entkernen und waschen. Frühlingszwiebeln in feine Ringe schneiden, Tomaten halbieren. Gurke in Scheiben, Paprikaschote in Würfel schneiden. *½ Bund Rucola* waschen und trocken tupfen, grobe Stiele entfernen. *1 TL Kapern* fein hacken und *150 g Mini-Mozzarellakugeln* in Stücke schneiden.

3 Für das Dressing die Schale von *2 Bio-Zitronen* fein abreiben und 2 EL Saft auspressen. Zitronensaft und -schale mit *5 EL Olivenöl* verrühren und mit *1 TL Agavensirup*, *Salz* und *Pfeffer* abschmecken. Gemüse und Mozzarella mit dem Dressing mischen.

4 Zum Servieren von *5 Stielen Basilikum* die Blätter abzupfen, grob in Stücke zupfen und mit den Brotwürfeln unter das Gemüse mischen. Dieser Salat reicht für 4 Personen als Vorspeise und für 2 Personen als Hauptgang.

Ofengemüse mit Dip

FÜR 6 PERSONEN (1 BACKBLECH)

Für das Ofengemüse

1 große festkochende Kartoffel

1 Zweig Rosmarin

6 EL Olivenöl

1 Knoblauchzehe (gepresst)

Fleur de Sel

4 Möhren

4 TL Agavensirup

1 TL Currypulver

1 Rote Bete

4 Zweige Thymian

1 Pastinake

½ TL gemahlener Kreuzkümmel

1 Zucchini

je 1 rote und gelbe Paprikaschote

2 Spritzer Zitronensaft

Zesten von ½ Bio-Zitrone

bunter Pfeffer aus der Mühle

Für die Sauce

400 g Crème fraîche

Zesten von ½ Bio-Zitrone

1 EL Zitronensaft

1 Knoblauchzehe (gepresst)

Meersalz

1 Handvoll gehackte gemischte Kräuter (z.B. Bärlauch, Basilikum, Estragon, Schnittlauch)

ZUBEREITUNG // ⏱ 20 min // 🍳 30 min

1 Für das Ofengemüse den Backofen auf 175 °C vorheizen. Die Kartoffel schälen, waschen und in feine Stifte schneiden. Den Rosmarin waschen, trocken tupfen und die Nadeln abzupfen. Die Kartoffel mit dem Rosmarin, 1 EL Olivenöl, dem Knoblauch und Fleur de Sel mischen. Die Kartoffelstifte nebeneinander auf das Backblech legen. Die Möhren putzen, schälen und in Stifte schneiden. Mit 1 EL Olivenöl, 1 TL Agavensirup, Currypulver sowie Fleur de Sel mischen und nebeneinander auf das Blech schichten.

2 Die Rote Bete putzen, schälen und in Stifte schneiden. Den Thymian waschen, trocken schütteln und die Blättchen abzupfen, Blättchen von 1 Zweig beiseitelegen. Die Rote-Bete-Stifte mit den übrigen Thymianblättchen, 1 EL Olivenöl, 1 TL Agavensirup sowie Fleur de Sel mischen und neben die Möhren auf das Blech legen. Die Pastinake putzen, schälen und in Stifte schneiden. Mit 1 EL Olivenöl, Kreuzkümmel sowie Fleur de Sel mischen und ebenfalls auf das Blech geben. Die Zucchini putzen, waschen und in Stifte schneiden. Paprikaschoten halbieren, entkernen, waschen und in Streifen schneiden. Zucchini und Paprika jeweils mit 1 EL Olivenöl sowie Fleur de Sel mischen und auf das Blech legen.

3 Das Gemüse im Ofen auf der mittleren Schiene 30 Minuten garen. Nach 20 Minuten Garzeit Zucchino und Paprika herausnehmen und jeweils in eine Schüssel füllen, das übrige Gemüse fertig garen. Zucchino und Paprika mit je 1 TL Agavensirup, dem Zitronensaft, den Zitronenzesten und Pfeffer würzen. Nach Belieben den Zucchini mit einigen Basilikumblättern und fein gehobeltem Parmesan bestreuen. Die Paprika mit dem beiseitegelegten Thymian garnieren.

4 Inzwischen für die Sauce die Crème fraîche mit Zitronenzesten, -saft, dem Knoblauch und Meersalz mischen. Die Kräuter unterrühren.

5 Das Gemüse mit dem Blech auf dem Tisch anrichten und mit der Sauce servieren.

Quesadillas mit Mais-Paprika-Füllung

ZUBEREITUNG // ⏱ 10 min // 🍳 35 min

1 Den Maiskolben putzen und in kochendem Salzwasser 20 Minuten garen. Herausnehmen, abkühlen lassen und die Maiskörner mit dem Messer vom Kolben schneiden. Den Backofen auf 180 °C vorheizen.

2 Die Paprikaschoten und die Chilischote halbieren, entkernen, waschen und alles in kleine Würfel schneiden. Die Frühlingszwiebeln putzen, waschen und in feine Ringe schneiden. Die Avocado halbieren, den Stein entfernen und die Hälften schälen. Das Fruchtfleisch ebenfalls in kleine Würfel schneiden. Den Koriander waschen, trocken tupfen und grob hacken.

3 Vier Tortillafladen auf ein mit Backpapier belegtes Backblech legen und mit der Hälfte des Cheddars bestreuen. Dann die Gemüsewürfel mit gut der Hälfte vom Koriandergrün darauf verteilen. Mit dem restlichen Käse bestreuen, je einen zweiten Fladen darauflegen und andrücken. Im Ofen auf der mittleren Schiene 10 bis 15 Minuten backen.

4 Die Quesadillas herausnehmen, in Stücke schneiden und nach Belieben gestapelt servieren. Mit dem übrigen Koriander und Chili bestreut servieren.

FÜR 4 PERSONEN

1 großer Maiskolben

2 rote Paprikaschoten

1 rote Chilischote

4 Frühlingszwiebeln

1 Avocado

2 Handvoll Koriander

8 Weizentortillas (Fertigprodukt)

250 g geriebener Cheddar

Chilipulver zum Bestreuen

FÜR 4 PERSONEN

Für den Teig

½ TL Trockenhefe · ½ TL Honig

150 g Dinkelmehl (Type 630)

100 g Dinkelvollkornmehl · Salz

3 EL Olivenöl

Mehl für die Arbeitsfläche

Für den Belag

1 Knoblauchzehe

3 EL Olivenöl

200 g stückige Tomaten (Tetrapak)

Salz · Pfeffer aus der Mühle

1 Dose Artischockenherzen (in Salzlake;

240 g Abtropfgewicht)

125 g Büffelmozzarella

50 g Parmesan

je 70 g Rucola und Baby-Mangold

1 Bund Basilikum

Grüne Pizza mit Artischocken und Rucola

ZUBEREITUNG // ⏱ 45 min // 💧 5 h 45 min

1 Teig: Alle Zutaten mit 130 ml lauwarmem Wasser mit den Knethaken des Handrührgeräts verkneten und den Teig zugedeckt an einem warmen Ort 30 Minuten gehen lassen. Den Teig vierteln. Jedes Viertel auf der bemehlten Arbeitsfläche zu einem 1 cm dicken Fladen ausrollen, auf zwei mit Backpapier belegte Bleche geben. Zugedeckt an einem kühlen Ort bis zu 5 Stunden ruhen lassen.

2 Belag: Den Knoblauch schälen, in feine Würfel schneiden und in 1 EL Olivenöl andünsten. Die Tomaten dazugeben, mit Salz und Pfeffer würzen. Die Sauce bei schwacher Hitze 30 Minuten köcheln, dann abkühlen lassen.

3 Den Backofen auf 250°C vorheizen. Artischockenherzen in Spalten schneiden, Mozzarella in Stücke. Den Parmesan in Späne hobeln. Rucola und Mangold waschen und trocken schleudern. Basilikumblätter abzupfen. Teigfladen mit Tomatensauce bestreichen, mit Mozzarella und Artischocken belegen. Die Pizzas blechweise im Ofen auf der unteren Schiene etwa 15 Minuten knusprig backen.

4 Herausnehmen, mit Rucola, Mangold und Basilikum bestreuen, die Pizzas mit dem übrigen Olivenöl beträufeln und mit Salz, Pfeffer und Parmesan würzen.

Auberginenauflauf mit Mozzarella

FÜR 4 PERSONEN

750 g Auberginen
1 Zwiebel
1 Knoblauchzehe
2–3 Stiele Basilikum
2 EL Olivenöl
1 große Dose geschälte Tomaten
Salz · Pfeffer aus der Mühle
etwas getrockneter Oregano
200 g Mozzarella
50 g geriebener Parmesan
Öl für die Form

ZUBEREITUNG // ⏱ 25 min // ▣ 20–27 min

1 Den Backofen auf 220 °C vorheizen. Ein Backblech mit Backpapier auslegen. Die Auberginen putzen und waschen, trocken tupfen und quer in fingerbreite Scheiben schneiden. Auf das Blech legen und im Ofen auf der mittleren Schiene auf beiden Seiten 5 bis 7 Minuten grillen. Sobald die Auberginen Farbe angenommen haben, sind sie gar – dann sofort herausnehmen. Den Ofen nicht ausschalten.

2 Inzwischen Zwiebel und Knoblauch schälen, die Zwiebel in Ringe, den Knoblauch in feine Würfel schneiden. Das Basilikum waschen und trocken schütteln, die Blätter abzupfen und in Streifen schneiden. Das Olivenöl in einer Pfanne erhitzen und Zwiebel und Knoblauch darin andünsten. Die Dosentomaten samt Saft dazugeben, die Tomatensauce mit Salz, Pfeffer, Oregano und Basilikum würzen und offen bei schwacher Hitze 8 bis 10 Minuten einkochen.

3 Währenddessen den Mozzarella in dünne Scheiben schneiden. Eine Auflaufform dünn einfetten, 2 EL Tomatensauce hineingeben und mit einer Schicht Auberginen bedecken. Darauf in dieser Reihenfolge jeweils 2 bis 3 EL Tomatensauce, Mozzarella und 2 EL Parmesan schichten, bis alle Zutaten aufgebraucht sind, dabei mit Mozzarella und Parmesan abschließen. Den Auflauf im Ofen auf der mittleren Schiene 15 bis 20 Minuten backen. Herausnehmen und servieren.

TIPP *Das Gute an diesem Gericht ist das Gute darin und dass es nicht nur direkt aus dem Ofen fantastisch schmeckt, sondern auch lauwarm oder kalt. Am besten mit knusprigem Weißbrot servieren.*

das ist
— wie —
Urlaub

Buntes Kartoffelgratin mit Steinpilzen

ZUBEREITUNG // ⏱ 30 min // ▣ 30 min

1 Die Steinpilze mit einem großen Messer grob hacken. Den Thymian waschen, trocken schütteln und die Blättchen abzupfen. Den Knoblauch schälen und sehr fein hacken. Sahne und Milch mit Steinpilzen, Thymian und Knoblauch verrühren und mit Salz und Cayennepfeffer würzen. Eine Auflaufform mit Butter einfetten.

2 Den Backofen auf 200 °C vorheizen. Die Kartoffeln schälen, waschen und in dünne Scheiben schneiden. Die Kartoffeln in die Auflaufform setzen, auseinanderfächern, mit Salz würzen und mit der Thymian-Pilz-Sahne übergießen. Die Butter in Flöckchen darüber verteilen. Das Gratin im Ofen auf der mittleren Schiene etwa 30 Minuten backen.

3 Das Gratin herausnehmen und nach Belieben mit einigen Zweigen Zitronenthymian verzieren. Dazu schmeckt ein würziger Blattsalat.

Tipp: Das bunte Kartoffelgratin schmeckt auch ohne Steinpilze und kann auch mit etwas geriebenem Käse serviert werden.

FÜR 4 PERSONEN

50 g getrocknete Steinpilze

1 Bund Zitronenthymian

1 Knoblauchzehe

300 g Sahne

300 ml Milch

Salz

Cayennepfeffer

Butter für die Form

1 kg verschiedene Kartoffeln
(z.B. rote Kartoffeln, violette Kartoffeln, Bamberger Hörnchen)

40 g weiche Butter

FÜR 4 PERSONEN

1 Zwiebel · 2 Knoblauchzehen

2 rote Paprikaschoten

2 Süßkartoffeln (à ca. 250 g)

500 g Kidneybohnen (abgetropft)

300 g Rinderhackfleisch · 2 EL Öl

Salz · 2 getrocknete rote Chilischoten

2 TL getrockneter Oregano

2 TL gemahlener Kreuzkümmel

1 TL Kakaopulver · 2 TL Honig

800 g stückige Tomaten (aus der Dose)

600 ml heiße Gemüse- oder Rinderbrühe

5 TL Paprikapulver (edelsüß)

1 Bio-Zitrone · Pfeffer aus der Mühle

ca. 2 EL Aceto balsamico

4 EL saure Sahne oder Schmand

2 Frühlingszwiebeln

Süßkartoffel-Chili

ZUBEREITUNG // ⏱ 35 min

1 Zwiebel und Knoblauch schälen und in feine Würfel schneiden. Die Paprika längs halbieren, entkernen, waschen und klein schneiden. Die Süßkartoffel schälen und in Würfel schneiden. Die Kidneybohnen abtropfen lassen.

2 Das Hackfleisch im Öl anbraten und mit Salz würzen. Zwiebel, Knoblauch, Chilischoten, Oregano, Paprika und Süßkartoffel dazugeben und unter Rühren 4 bis 5 Minuten mitbraten. Kreuzkümmel, Kakaopulver und Honig unterrühren.

3 Bohnen, Tomaten und Brühe hinzufügen und zum Kochen bringen. Alles zugedeckt etwa 12 Minuten garen. 3 TL Paprikapulver unterrühren und das Süßkartoffel-Chili offen 6 bis 8 Minuten garen, bis die Flüssigkeit stark eingekocht ist.

4 Die Zitrone heiß waschen, die Schale fein abreiben und den Saft auspressen. Die Zitronenschale unter das Chili rühren, mit Salz, Pfeffer, Essig und Zitronensaft abschmecken.

5 Das Chili auf Schalen verteilen, je 1 EL saure Sahne bzw. Schmand daraufgeben und etwas Paprikapulver darüberstreuen. Mit den in Scheiben geschnittenen Frühlingszwiebeln garnieren.

EIN SOMMERNACHTSTRAUM

Die wichtigste Arbeit findet vor dem Sommerfest statt. Je mehr Aufmerksamkeit Sie der Organisation widmen, umso entspannter können Sie Ihr Fest genießen.

WAS DAS ESSEN ANGEHT

Überlegen Sie, welche Speisen Sie servieren möchten und denken Sie daran, dass es nicht auf eine große Auswahl ankommt, sondern darauf, dass die Speisen gut aufeinander abgestimmt sind. Wenn Sie zum Empfang Ihrer Gäste Fingerfood anbieten, z.B. herzhaftes Gebäck wie Blätterteigschnecken, Gemüsesticks mit Dip oder Aufstrich mit Brot, überbrücken Sie mühelos die Zeit, bis alle Gäste eingetroffen sind und das eigentliche Buffet eröffnet wird.

Was bei einem Sommerfest natürlich nicht fehlen darf, sind Salate! Auf Basis von Getreide, Gemüse oder Hülsenfrüchten, denn die kann man gut auch in größeren Mengen vorbereiten. Empfindliche Blattsalate erst am Schluss dazubringen und das Dressing am besten extra servieren. Natürlich bietet sich das Grillen im Sommer an, auch einige Gerichte in diesem Buch können gut über offenem Feuer zubereitet werden, z.B. Quesadillas (siehe S. 78), Pizza (siehe S. 79) oder Forelle (siehe S. 95). Ofengerichte (Auberginenauflauf (siehe S. 80), Braten (siehe S. 87) oder Schmorgerichte wie das Süßkartoffel-Chilli (siehe S. 83) lassen sich gut vorbereiten und über längere Zeit warm halten. Beilagen, die immer passen und im Ofen warten, sind Ofengemüse und Kartoffelgratin. Auf jeden Fall sollten Sie ausreichend Brot anbieten, nach Belieben mit Kräuter- oder Knoblauchbutter, das passt zu so gut wie allem. Nach der Auswahl der Speisen geht es an die Einkaufsliste. Denken Sie daran größere Mengen oder spezielle Zutaten vorzubestellen.

> *Hier geht's lang*

> *Stilvolles Ambiente*

GESCHIRR UND GETRÄNKE

Für eine große Party empfiehlt es sich, das Geschirr über einen speziellen Verleih zu beziehen – denn dann kann man es meist einfach ungespült zurückgeben! Bei den Getränkegläsern entscheidet man sich am besten für einen Allrounder wie ein Weißweinglas, in dem man auch den Aperitif und Softdrinks anbieten kann.

Wenn jeder Gast sein Glas kennzeichnet, z.B. mit einem Glasschreiber oder farbigen Bändern, sieht das nicht nur schön aus, sondern man spart auch am Geschirrverbrauch. Bier und Softdrinks lassen sich direkt aus der Flasche trinken, dafür besser auf kleinere (0,33 l) Flaschengrößen zurückgreifen. Lassen Sie sich die Getränke doch auch direkt nach Hause liefern; viele Getränkehändler bieten zudem Biertischgarnituren zum Verleih an. Das Wichtigste ist natürlich, dass die Getränke erfrischend kalt bleiben: Wenn der Platz im Kühlschrank nicht reicht, kann man auf eine mit Eiswürfel gefüllte Wanne ausweichen.

> *Eine Wanne tut es auch*

> *Stimmungsvolles Licht*

DEKORATION UND HELFER

Damit die Sommerparty bei Ihren Gästen in guter Erinnerung bleibt, spielt neben gutem Essen und Trinken auch das Ambiente eine nicht unerhebliche Rolle. Aber keine Angst, Sie brauchen keinen Designpreis gewinnen, sondern können mit wenigen einfachen Mitteln eine der Jahreszeit entsprechende und natürliche Dekoration in Szene setzen.

Hübsch als Tischdekoration sind z.B. Papiergirlanden, Blüten, Blumen, Zitronen oder Kräuter in hübschen Übertöpfen. Für eine schöne Abendstimmung empfiehlt es sich, ausreichend Kerzen bereitzuhalten. Die sehen in große Weckgläser gestellt besonders schön aus. Oder Sie stellen Teelichter im Glas in eine Brotzeittüte aus Papier. Lassen Sie sich außerdem ein wenig unter die Arme greifen und verteilen Sie in Ihrer Familie und unter ein paar guten Freunden Verantwortlichkeiten für den Abend, z.B. wer die Gäste mit einem Aperitif in Empfang nimmt und wer einen Salat, ein Dessert oder einen Kuchen mitbringt. So haben Sie als GastgeberIn weniger Stress, mehr Zeit für jeden einzelnen Ihrer Gäste und damit einfach mehr vom Fest!

Gefüllter Spanferkelbraten
mit Fenchel-Paprika-Gemüse

Für den Braten

250 g Kalbsbrät

2 EL Sahne

getrocknete Lavendelblüten

1 EL Fenchelsamen

1 kleine geriebene Knoblauchzehe

½ TL geriebener Ingwer

½–1 TL abgeriebene
Bio-Zitronenschale

1 Spritzer Zitronensaft

Cayennepfeffer

2 EL Rosmarinnadeln
(frisch gehackt)

1 kg Spanferkelbauch

Salz · Pfeffer aus der Mühle

Für das Gemüse

2 kleine Fenchelknollen

je 1 rote und gelbe
Paprikaschote

125 ml Gemüsebrühe

1 Knoblauchzehe (in Scheiben)

1 Stück ausgekratzte
Vanilleschote

½ Döschen Safranfäden (0,05 g)

2 EL Butter

Salz · Cayennepfeffer

ZUBEREITUNG // ⏱ 35 min // ▣ 2 h 30 min

1 Für den Braten den Backofen auf 160 °C vorheizen. Ein Ofen-gitter auf die mittlere Schiene und darunter ein Abtropfblech schieben. Das Brät mit der Sahne glatt rühren und mit 1 Prise Lavendelblüten, Fenchel, Knoblauch, Ingwer, Zitronenschale und -saft, 1 Prise Cayennepfeffer und Rosmarin würzen. Den Spanferkelbauch auf der Fleischseite mit Salz und Pfeffer wür-zen. Mit Brät bestreichen, von der Längsseite her einrollen und mit Küchengarn in Form binden, sodass die Schwarte außen ist.

2 Den Spanferkelbauch im Ofen auf dem Gitter 2 Stunden garen. Anschließend die Temperatur auf 240 °C erhöhen und weitere 30 Minuten braten, dabei gelegentlich wenden. 10 Minuten vor Ende der Garzeit die Schwarte mit Salzwasser (1 EL Salz auf 100 ml Wasser) bestreichen.

3 Für das Gemüse den Fenchel putzen, waschen und in etwa 4 cm große Dreiecke schneiden. Die Paprikaschoten halbieren, ent-kernen, waschen und mit dem Sparschäler schälen. Die Hälften in 2 bis 3 cm große Stücke schneiden. Die Brühe in einem Topf erhitzen, Fenchel und Paprika mit Knoblauch und Vanille dazu-geben und den Safran einstreuen. Das Gemüse bei schwacher Hitze etwa 8 Minuten gar ziehen lassen. Zum Schluss die Butter darin zerlassen und mit Salz und Cayennepfeffer würzen.

4 Das Küchengarn vom Schweinebraten entfernen und den Bra-ten in Scheiben schneiden. Die Bratenscheiben mit dem Fenchel-Paprika-Gemüse auf vorgewärmten Tellern anrichten. Dazu passen Weißbrot oder gebratene Kartoffelwürfel und ein bun-ter, gemischter Salat.

Chicken Wings mit zweierlei Saucen

FÜR 4 PERSONEN

Für die Chicken Wings
12 Hähnchenflügel
2 Knoblauchzehen
2 rote Chilischoten
2 EL Tomatenketchup
50 ml flüssiger Honig
2 EL Sojasauce
Saft von ½ Limette
Cayennepfeffer
1 TL Ras-el-Hanout (marokkanische Gewürzmischung)
60 ml Olivenöl ·Salz

Für die Chilisauce
1 Tomate
Saft von 1½ Limetten
1 EL scharfer Senf
1 EL Tomatenmark
2 EL Tomatenketchup · Salz
2 EL brauner Zucker
2 EL Sojasauce

Für die Blauschimmelkäsesauce
100 g Naturjoghurt
100 g Schmand
100 g Blauschimmelkäse
½ Knoblauchzehe
Salz · Pfeffer aus der Mühle
½ Bund Schnittlauch

Außerdem
300 g Staudensellerie

ZUBEREITUNG // ⏱ 40 min // ▣ 12 h

1 Am Vortag für die Chicken Wings die Hähnchenflügel waschen, trocken tupfen und in eine Schüssel legen.

2 Den Knoblauch schälen und in feine Würfel schneiden. Die Chilischoten längs halbieren, entkernen, waschen und hacken. Beides mit Ketchup, Honig, Sojasauce, Limettensaft, Cayennepfeffer, Ras-el-Hanout und 50 ml Olivenöl zu einer Marinade verrühren. Mit Salz abschmecken.

3 Die Hälfte der Marinade mit den Chicken Wings mischen und zugedeckt 5 bis 6 Stunden oder über Nacht im Kühlschrank marinieren.

4 Am nächsten Tag für die Chilisauce die Tomate kreuzweise einritzen, überbrühen, häuten und klein schneiden. Limettensaft mit der übrigen Marinade, Senf, Tomatenmark, Ketchup, Salz, braunem Zucker und Sojasauce in einem Topf erhitzen. Die Tomate dazugeben und leicht köcheln lassen. Die Sauce abkühlen lassen.

5 Den Backofen auf 230 °C Umluft vorheizen. Ein Backblech mit Backpapier belegen, die Hähnchenflügel darauflegen und auf der mittleren Schiene etwa 10 Minuten braten. Wenden und weitere 7 bis 8 Minuten braten.

6 Für die Käsesauce den Joghurt, den Schmand und den Blauschimmelkäse mit dem Stabmixer glatt rühren. Den Knoblauch schälen und durch eine Presse dazudrücken. Mit Salz und Pfeffer würzen. Den Schnittlauch waschen, trocken tupfen, in Röllchen schneiden und unterrühren.

7 Den Sellerie putzen, waschen und die Stangen in 6 bis 8 cm lange Stücke teilen. Die Chicken Wings aus dem Ofen nehmen, mit den beiden Saucen und den Selleriestücken servieren.

Lammkeule mit Kräuterkruste und Ofengemüse

FÜR 4 PERSONEN

Für die Lammkeule

1 Lammkeule mit Knochen (1¼–1½ kg)

½ rote oder gelbe Paprikaschote

2 Tomaten

1 große Zwiebel

2 Möhren

1 Knoblauchzehe

je 2 Zweige Thymian und Rosmarin

2 EL Öl · Salz · Pfeffer aus der Mühle

200 ml Rotwein

ca. 50 ml Gemüsebrühe

Paprikapulver (edelsüß)

1–2 Lorbeerblätter

Für die Kräuterkruste

50 g Kräuter (Rosmarin, Thymian, Minze) · 50 g Cashewkerne

ca. 150 g Ziegenfrischkäse

50 g Reibekäse

Salz · Pfeffer aus der Mühle

1 Eigelb

Semmelbrösel

Für das Ofengemüse

1 Zucchino

2 Paprikaschoten

2 Möhren

100 g Champignons

200 g Cocktailtomaten

3 EL Öl

50 g gehackte gemischte Kräuter (z.B. Thymian, Rosmarin, Oregano)

Salz · Pfeffer aus der Mühle

Paprikapulver (edelsüß)

ZUBEREITUNG // ⏱ 30 min // 🍳 2 h

1 Lammkeule: Die Lammkeule waschen und trocken tupfen. Die Paprikaschote entkernen, waschen und klein schneiden. Die Tomaten waschen und vierteln, dabei die Stielansätze entfernen. Die Zwiebel, die Möhren und den Knoblauch schälen und in Würfel schneiden. Die Kräuter waschen und trocken schütteln.

2 Backofen auf 150 °C Ober- und Unterhitze vorheizen. Lammkeule im Öl anbraten, mit Salz und Pfeffer würzen. Mit Wein und Brühe ablöschen, das Paprikapulver hinzufügen und alles kurz köcheln lassen. Das Fleisch mit Gemüse, Kräutern und Lorbeerblättern in einen Bratschlauch geben und den Weinsud darübergießen. Fest verschließen, auf das Backblech legen und im Ofen auf der untersten Schiene etwa 1½ Stunden garen.

3 Kräuterkruste: Die Kräuter waschen, trocken tupfen und fein hacken. Cashewkerne hacken und mit Kräutern, Frisch- und Reibekäse mischen. Mit Salz und Pfeffer abschmecken, dann das Eigelb und so viel Semmelbrösel dazugeben, bis eine streichfeste Masse entsteht. Die Masse zwischen zwei Lagen Frischhaltefolie dünn ausrollen und etwa 1 Stunde kühl stellen.

4 Ofengemüse: Zucchino putzen, waschen und in Stücke schneiden. Paprikaschoten längs halbieren, entkernen, waschen und klein schneiden. Möhren putzen, schälen und in kleine Stücke schneiden. Champignons putzen und je nach Belieben halbieren. Die Tomaten waschen. Das Gemüse und nach Belieben geschälten Knoblauch auf einem Backblech verteilen, mit Öl und Kräutern mischen. Mit Salz, Pfeffer und Paprikapulver würzen. Das Fleisch aus dem Ofen nehmen und beiseitelegen. Die Ofentemperatur auf 180 °C Umluft erhöhen und das Gemüse darin auf der untersten Schiene etwa 20 Minuten garen.

5 Lammkeule aus dem Bratschlauch nehmen, auf ein Backblech legen, dünn mit der Kräuterkäsemasse bestreichen und im Ofen auf der obersten Schiene 10 bis 15 Minuten gratinieren.

6 Den Sud durch ein Sieb passieren, aufkochen und nach Belieben mit Speisestärke binden. Mit Salz und Pfeffer abschmecken. Die Lammkeule mit dem Gemüse und der Sauce servieren.

Pulled Pork mit Apfel-Quitten-Sauce

FÜR 6 PERSONEN

Für das Fleisch

1 EL Wacholderbeeren

1 EL Pimentkörner

1 TL Chiliflocken

1 TL Kreuzkümmelsamen

1 EL Ras-el-Hanout (marokkanische Gewürzmischung)

3 EL Thymianblättchen

1 EL geräuchertes Paprikapulver

1 EL Muscovadozucker

2½ kg Wildschweinnacken (ohne Knochen; beim Wildhändler oder Metzger vorbestellen)

Für die Sauce

300–500 ml Apfel-Quitten-Saft

1 EL Zucker

1 EL gekörnte Gemüsebrühe

200 g Zwiebeln

3 EL Olivenöl

200 ml Holunderbeersaft

3 EL Sojasauce

4 EL Aceto balsamico

Salz

1 EL geräuchertes Paprikapulver

ZUBEREITUNG // ⏱ 2 h // 💧 12 h // ⏲ 3½ h // ▨ 6–8 h

1 Fleisch: Am Vortag alle Gewürze im Mörser zerstoßen. Mit dem Zucker mischen und gut in das Fleisch einreiben. Braten fest in Frischhaltefolie wickeln, in eine Auflaufform legen und mindestens 12 Stunden in den Kühlschrank stellen.

2 Am nächsten Tag das Fleisch aus dem Kühlschrank nehmen und mindestens 1½ Stunden bei Raumtemperatur liegen lassen. Backofen auf 110 °C vorheizen. Fleisch und den entstandenen Fleischsaft zum Apfel-Quitten-Saft gießen. Zucker und Brühpulver hinzufügen und gut verrühren. Den Würzsud in eine ofenfeste Schale füllen und auf den Boden des Backofens stellen. Ein Bratenthermometer in die Mitte des Bratens stecken.

3 Das Fleisch so auf das Ofengitter setzen, dass die Schale direkt darunter steht. Braten 3 bis 4 Stunden garen. Ab und zu nachschauen, ob noch genügend Flüssigkeit in der Auffangschale ist, gegebenenfalls Saft nachgießen. Das Fleisch ab und zu mit dem Bratensud bepinseln. Es sollte in dieser Zeit eine Kerntemperatur von etwa 70 °C haben. Weitere 3 bis 4 Stunden garen. Dazwischen den Braten ab und zu mit dem Sud bepinseln, gegebenenfalls Saft nachfüllen.

4 Sobald der Wildschweinbraten eine Kerntemperatur von 90 bis 95 °C hat, herausnehmen, in Alufolie wickeln und in eine vorgewärmte Auflaufform legen. Diese in ein dickes Handtuch einwickeln und in eine Kühlbox (ohne Kühlakkus) legen. Darin mindestens 1 bis 2 Stunden ruhen lassen.

5 Den aufgefangenen Sud für die Sauce verwenden. Zwiebeln schälen, in feine Würfel schneiden und im Olivenöl anbraten. Mit dem Holunderbeersaft ablöschen und den Bratensud hinzufügen. Sojasauce, Essig, Salz und Paprikapulver dazugeben und dickflüssig einkochen lassen.

6 Den Braten aus der Folie nehmen und den entstandenen Sud in die Sauce geben. Das Fleisch mit zwei Gabeln zerpflücken, dabei das Fett entfernen. Das Fleisch mit der Sauce servieren. Mit gegrillten Avocadohälften und Burgerbrötchen servieren.

Forellen mit Kräuterbutter

FÜR 4 PERSONEN

Für die Kräuterbutter

125 g weiche Butter

1 EL Crème fraîche

2 EL gemischte Kräuter
(z.B. Thymian, Basilikum, Majoran)

1 EL Zitronensaft

Salz · Pfeffer aus der Mühle

Für die Forellen

4 Forellen (à ca. 350 g;
küchenfertig)

2 Knoblauchzehen

1 Bio-Zitrone

8 Zweige Rosmarin

8 Scheiben Frühstücksspeck

3 EL Olivenöl

Meersalz

Pfeffer aus der Mühle

ZUBEREITUNG // ⏱ 30 min // 🔲 1 h

1 Den Grill anheizen. Für die Kräuterbutter die weiche Butter mit der Crème fraîche in einer Schüssel mit dem Handrührgerät schaumig rühren.

2 Die Kräuter waschen, trocken tupfen und fein hacken. Mit dem Zitronensaft unter die Buttermischung rühren und mit Salz und Pfeffer würzen. Die Kräuterbutter im Kühlschrank etwa 1 Stunde fest werden lassen.

3 Die Forellen innen und außen waschen und trocken tupfen. Den Knoblauch schälen und in Scheiben schneiden. Die Zitrone heiß waschen, trocken reiben und in Scheiben schneiden. Den Rosmarin waschen, trocken schütteln und mit den Knoblauch- und Zitronenscheiben in die Bauchhöhlen der Forellen füllen.

4 Die Fische mit jeweils 2 Scheiben Speck umwickeln, mit 2 EL Olivenöl beträufeln und mit Salz und Pfeffer würzen. Die Fisch-Grillgitter mit dem restlichen Olivenöl bestreichen, die Fische hineinlegen und verschließen.

5 Die Forellen auf dem heißen Grill auf jeder Seite 6 bis 8 Minuten grillen. Die Forellen aus dem Grillgitter lösen und mit der Kräuterbutter servieren. Dazu passen Fenchelspalten und junge Kartoffeln vom Grill (siehe Tipp).

TIPP *Für den Fenchel 2 Knollen in 1 cm dicke Spalten schneiden, mit Öl bestreichen und mit Salz und Pfeffer würzen. Mit vorgegarten neuen Kartoffeln (mit Schale) auf den Grill legen und garen.*

Kartoffelsalat auf orientalische Art

FÜR 4–6 PERSONEN

800 g festkochende Kartoffeln

Salz

2 Bio-Zitronen

2 TL Koriandersamen

2 Knoblauchzehen

4 EL Olivenöl

Pfeffer aus der Mühle

2 Frühlingszwiebeln

1 großes Bund Petersilie

8 Cocktailtomaten

2 EL helle Sesamsamen

ZUBEREITUNG // ⏱ 35 min // ⏸ 1 h

1 Die Kartoffeln gründlich waschen und in Salzwasser 20 Minuten weich garen. Kartoffeln abgießen, ausdampfen lassen und möglichst heiß pellen.

2 Inzwischen die Zitronen heiß waschen und trocken reiben, die Schale fein abreiben und den Saft auspressen. Die Koriandersamen in einer beschichteten Pfanne ohne Fett unter Rühren leicht rösten, bis sie duften. Herausnehmen und im Mörser grob zerstoßen.

3 Den Knoblauch schälen, in Scheiben schneiden und in einem Topf in 2 TL Öl andünsten. Dann die Scheiben wieder entfernen. Zitronensaft und 400 ml heißes Wasser dazugießen und aufkochen lassen. Den Topf vom Herd nehmen und den Sud mit Koriander, Zitronenschale, Salz und Pfeffer sowie nach Belieben mit 1 Prise Zucker kräftig würzen. Die Kartoffeln noch warm in dicke Scheiben schneiden und im Sud 1 Stunde durchziehen lassen, dabei von Zeit zu Zeit wenden.

4 Währenddessen die Frühlingszwiebeln putzen, waschen und den dunklen Teil in grobe Ringe schneiden (den hellen Teil nicht verwenden). Die Petersilie waschen und trocken schütteln, die Blätter abzupfen und grob hacken. Die Tomaten waschen und vierteln.

5 Den Sesam in einer beschichteten Pfanne ohne Fett unter Rühren leicht rösten. Sofort über die Kartoffeln geben. Frühlingszwiebelgrün, Petersilie, Tomaten und restliches Öl hinzufügen und alles unter die Kartoffeln heben. Den Salat kräftig mit Salz und Pfeffer würzen.

TIPP *Ein Gericht zum Sattessen wird der Kartoffelsalat mit Merguez-Würstchen, den typischen Lamm-Paprika-Würsten aus Marokko. Für 4 Personen 8 bis 12 Würstchen in einer Pfanne in wenig Öl rundum braun braten oder auf dem Holzkohlegrill grillen.*

das ist richtig lecker

Kartoffelbrötchen mit Esskastanien

ZUBEREITUNG // 🕐 30 min // ♨ 25 min

1 Die Kartoffeln schälen und fein reiben. Dinkel-, Kastanien- und Mandelmehl mit Backpulver, Pfeilwurzelstärke und Salz in einer Schüssel mischen. Den Dattel- oder Ahornsirup mit dem Mandeldrink in einem Topf lauwarm erhitzen. Die geriebenen Kartoffeln unterrühren. Den Mehlmix mit der Kartoffel-Mandelmilch mischen und mit den Knethaken des Handrührgeräts zu einem gleichmäßigen Teig verkneten.

2 Den Backofen auf 200 °C vorheizen. Ein Backblech mit Backpapier belegen. Aus dem Teig 10 Stücke abstechen und jeweils mit angefeuchteten Händen zu kleinen Brötchen formen. Auf das Blech legen und die Oberseiten jeweils mit einem Messer etwa 1 cm tief kreuzweise einschneiden. Die Brötchen mit 2 EL Wasser bestreichen und je 5 Stück mit Sonnenblumenkernen und Mohn bestreuen, dabei das Topping leicht andrücken.

3 Die Brötchen im Ofen auf der mittleren Schiene 20 bis 25 Minuten backen. Herausnehmen und auf einem Kuchengitter abkühlen lassen. Lauwarm oder kalt servieren.

FÜR 10 STÜCK

250 g festkochende Kartoffeln

150 g Dinkelvollkornmehl

50 g Kastanienmehl

200 g Mandelmehl

2 TL Weinsteinbackpulver

15 g Pfeilwurzelstärke
(aus Reformhaus oder Bioladen)

¼ TL Salz

1 TL Dattel- oder Ahornsirup

100 ml Mandeldrink

1 TL Sonnenblumenkerne

1 TL Mohnsamen

FÜR 1 RINGBROT

Für den Teig

250 g Zwiebeln (in Würfeln)

120 g durchwachsener Räucherspeck
(in Würfeln)

2 EL Butterschmalz

30 g frische Hefe

1 TL Honig

300 ml lauwarmes Pils

7 g Natursauerteigpulver (für 500 g
Mehl; oder 50 g flüssiger Natursauerteig,
Fertigprodukt)

300 g Vollkornweizenmehl

200 g Roggenmehl (Type 1150)

1 geh. TL Salz (10 g)

Außerdem

Mehl zum Verarbeiten

Zwiebel-Speck-Brot

ZUBEREITUNG // ⏱ 20 min // 💧 1 h 10 min // 🍲 35 min

1 Die Zwiebeln und Speck im Butterschmalz
bei mittlerer Hitze unter gelegentlichem Rühren leicht braun braten. Beiseitestellen.

2 Zerbröckelte Hefe mit Honig, 150 ml lauwarmem Bier und dem Sauerteig verrühren
und zugedeckt 10 Minuten gehen lassen.
Beide Mehlsorten und das Salz in einer Rühr-
schüssel mischen. Das restliche Bier und den
Hefeansatz darauf verteilen und alles mit den
Knethaken des Handrührgeräts zu einem
glatten Teig verkneten. Gegen Ende die lauwarm abgekühlte Speck-Zwiebel-Mischung
unterkneten. Teig auf der bemehlten Arbeitsfläche zugedeckt 20 Minuten ruhen lassen.

3 Weitere 20 Minuten ruhen lassen, dabei drei-
mal zusammenwirken. Teig rund formen, mit
der Hand ein Loch in die Mitte formen und
den Teig nach außen zu einem Ring ziehen.
Auf einem mit Backpapier belegten Backblech
zugedeckt 20 Minuten ruhen lassen.

4 Teig mit einer Schere auf der Oberfläche links
und rechts leicht versetzt jeweils etwa 1 cm
tief einschneiden. Den Backofen auf 230 °C
vorheizen und ein mit Wasser gefülltes, tiefes
Backblech miterhitzen. Das Blech entfernen,
die Backofentemperatur auf 210 °C reduzieren
und das Brot auf der unteren Schiene 30 bis
35 Minuten knusprig backen.

FÜR UNTERWEGS

Overnight-Oats

ZUBEREITUNG // ⏱ 10 min // 💧 12 h

1. Die Milch mit dem Joghurt in einer Schüssel glatt rühren. Die Haferflocken und den Vanillezucker unterrühren. Die Mischung auf vier Schraubgläser oder vier Müslischalen verteilen. Die Gläser oder Schalen mit einem Deckel oder mit Frischhaltefolie verschließen und über Nacht in den Kühlschrank stellen.

2. Am nächsten Morgen das Obst je nach Sorte waschen und putzen bzw. schälen und in mundgerechte Stücke schneiden. Die Overnight-Oats noch einmal durchrühren und das Obst darauf verteilen. Mit Kokoschips oder gehackten Pistazien bestreuen.

Varianten: Dieses Basisrezept können Sie immer wieder neu variieren. Statt Milch können Sie auch Fruchtsaft oder Wasser für die Oats verwenden. Vegan wird die Mischung mit Mandeldrink und Sojaghurt. Auch beim Topping sind Ihrer Fantasie keine Grenzen gesetzt. Warum nicht mal statt Obst 1 TL Erdnusscreme und etwas geraspelte Zartbitterschokolade auf die Oats geben? Oder als Extra-Eiweißkick noch einen Löffel Magerquark und ein paar Chiasamen?

FÜR 4 PERSONEN

400 ml Milch

300 g Naturjoghurt

160 g kernige oder blütenzarte Haferflocken

2 TL Vanillezucker

500 g Obst nach Geschmack und Saison

4 TL geröstete Kokoschips oder gehackte Pistazienkerne

FÜR 4 PERSONEN

300 g Himbeeren

300 g Rote Johannisbeeren

2 TL Reissirup (oder ein anderes
flüssiges Süßungsmittel)

700 ml fettarme Milch

120 g zarte Haferflocken

100 g Kokosraspel oder -chips

Salz

Himbeer-Kokos-Porridge

ZUBEREITUNG // ◔ 25 min

1 Die Himbeeren und Johannisbeeren verlesen, waschen und trocken tupfen. In einer Schüssel vorsichtig mit dem Reissirup mischen und bis zum Servieren ziehen lassen.

2 Inzwischen die Milch mit Haferflocken, Kokosraspeln und 1 Prise Salz in einen Topf geben und unter Rühren einmal aufkochen.

3 Den Porridge vom Herd nehmen, kurz abkühlen lassen und abwechselnd mit der Beerenmischung in Gläser schichten. Nach Belieben mit ein paar Minzeblättern garnieren.

Tipp: Das Porridge schmeckt auch mit Aprikosen, Pfirsichen oder Nektarinen sehr gut.

Bergkäsequark

FÜR 4 PERSONEN

2 EL Kürbiskerne
½ TL ganzer Kümmel
80 g Bergkäse (am Stück)
250 g Magerquark
2 EL griechischer Joghurt
Salz · Pfeffer aus der Mühle
1 EL Butter
1 Frühlingszwiebel
1 Kästchen Kresse

ZUBEREITUNG // ⏱ 20 min // ⊕ 6 h

1 Die Kürbiskerne in einer Pfanne ohne Fett rösten, bis sie leicht duften. Aus der Pfanne nehmen und abkühlen lassen. Den Kümmel grob hacken, den Bergkäse fein reiben.

2 Den Quark in einem Sieb kurz abtropfen lassen, dann in einer Schüssel mit dem Joghurt verrühren. Die Kürbiskerne und den Käse unterziehen, mit Kümmel, Salz und Pfeffer herzhaft abschmecken. Die Butter zerlassen, abkühlen lassen und unter den Quark rühren. Mindestens 6 Stunden im Kühlschrank ziehen lassen.

3 Die Frühlingszwiebel putzen, waschen und mit dem Grün in feine Ringe schneiden. Die Kresse vom Beet abschneiden, waschen und trocken tupfen. Beides unter den Bergkäsequark rühren und nach Bedarf noch einmal mit Salz und Pfeffer abschmecken.

Radieschenquark

FÜR 4 PERSONEN

1 EL Sonnenblumenkerne
5 Radieschen
¼ rotschaliger Apfel
(z.B. Jonagold)
150 g Magerquark
2 EL Sahne
Salz · Pfeffer aus der Mühle
1 Spritzer Zitronensaft
½ Bund Schnittlauch

ZUBEREITUNG // ⏱ 20 min

1 Die Sonnenblumenkerne in einer Pfanne ohne Fett rösten, bis sie leicht bräunen und duften. Aus der Pfanne nehmen und abkühlen lassen.

2 Die Radieschen putzen und waschen. Radieschen und Apfel auf der Rohkostreibe in feine Stifte (Julienne) hobeln (oder mit dem Messer in feine Stifte oder Scheiben schneiden).

3 Den Quark mit der Sahne glatt verrühren, die Radieschen, Apfel und die Sonnenblumenkerne unterheben. Mit Salz, Pfeffer und Zitronensaft abschmecken. Den Schnittlauch waschen, trocken schütteln und in Röllchen schneiden. Den größten Teil unterheben, den Rest über den Radieschenquark streuen.

Eier-Sandwiches

ZUBEREITUNG // ⏱ 10 min

1 Die Eier in kochendem Wasser 8 bis 9 Minuten hart kochen. Die Eier kalt abschrecken, pellen und in Scheiben schneiden.

2 Die Toastscheiben sehr dünn mit Senf bestreichen. Die Eier pellen und in feine Würfel schneiden. Die Eiwürfel in einer Schüssel mit der Butter, dem Essig, Salz und Pfeffer mischen. Die Kresse unterrühren.

3 Den Eiaufstrich gleichmäßig auf 4 Toastscheiben verteilen und mit den restlichen Scheiben (bestrichene Seite nach unten) bedecken. Jedes Sandwich in 3 gleich große längliche Streifen schneiden.

FÜR 4 PERSONEN

4 Eier

8 Scheiben Vollkorntoast (ohne Rinde)

2 TL Senf

40 g weiche Butter

2 TL Balsamico bianco

Salz · Pfeffer aus der Mühle

2 EL Kresse

das ist echt easy

FÜR 4 PERSONEN

2 Eier

30 g zimmerwarme Butter

2 EL Dijon-Senf

Salz · Pfeffer aus der Mühle

etwas Honig

¼ Salatgurke

4 Salatblätter

4 Bagels (z.B. mit Sesamsamen oder Mohn)

4 Scheiben gekochter Schinken

Schinken-Ei-Bagel

ZUBEREITUNG // ⏱ 15 min

1 Die Eier in kochendem Wasser 8 bis 9 Minuten hart kochen. Inzwischen die Butter mit dem Senf in einer kleinen Schale mit einer Gabel gründlich vermischen. Mit Salz, Pfeffer und Honig abschmecken.

2 Die Gurke waschen, nach Belieben schälen und in dünne Scheiben schneiden oder hobeln. Den Salat waschen und trocken schütteln. Die Eier kalt abschrecken, pellen und in Scheiben schneiden.

3 Die Bagels aufschneiden, Ober- und Unterhälften jeweils mit der Senfbutter bestreichen. Die unteren Hälften mit je 1 Salatblatt,

1 Scheibe Schinken, ein paar Eierscheiben und einigen Gurkenscheiben belegen. Die oberen Hälften auflegen und die Bagels servieren.

Variante: Für Bagels mit Feta-Paprika-Aufstrich 1 rote Spitzpaprika längs halbieren, entkernen, waschen und in sehr kleine Würfel schneiden. 100 g Feta zerbröseln und mit 100 g Doppelrahmfrischkäse und 2 bis 3 TL mildem Ajvar (Paprikapaste) in einem hohen Rührbecher mit dem Stabmixer fein pürieren. Den Aufstrich mit Salz und Pfeffer abschmecken. Die Paprikawürfel unterheben. Statt auf einem Bagel schmeckt der Belag natürlich auch zwischen Brötchenhälften.

das ist
unser
Liebling

Geflügel-Tramezzini
mit Kräuter-Mayonnaise

ZUTATEN FÜR 4 PERSONEN

½ Bund Kerbel

2–3 Stiele Basilikum

8 EL Mayonnaise

Meersalz

½ TL Currypulver

1 Msp. abgeriebene
Bio-Zitronenschale

1 Spritzer Zitronensaft

300 g Hähnchenbrustfilet
(gegart)

1 Mini-Romanasalat

4 Scheiben Tramezzinibrot
(oder 8 Scheiben Sandwichbrot)

ZUBEREITUNG // ⏱ 20 min

1 Den Kerbel und das Basilikum waschen und trocken schütteln, die Blätter abzupfen und fein hacken. Die Mayonnaise mit den Kräuterblättern verrühren und mit Salz, Currypulver, Zitronenschale und -saft abschmecken. Die Hähnchenbrust in kleine Stücke zupfen.

2 Den Salat putzen, waschen und trocken schleudern. Die Salatblätter in dünne Streifen schneiden. Die Brotscheiben auf die Arbeitsfläche legen (vom Sandwichbrot vorher die Rinde entfernen) und dünn mit Mayonnaise bestreichen. Die restliche Mayonnaise mit dem Hähnchenfleisch mischen.

3 Auf der Hälfte der Brotscheiben die Hälfte der Salatstreifen und das Fleisch verteilen, dabei rundum einen kleinen Rand freilassen. Den restlichen Salat daraufgeben und die restlichen bestrichenen Brotscheiben darauflegen. Die Ränder andrücken und die Tramezzinibrote erst quer, dann diagonal halbieren (die Sandwichbrote nur diagonal halbieren). Die Dreiecke jeweils in Papierservietten oder Butterbrotpapier einschlagen.

FÜR TRAMEZZINI MIT EI: Die Brote mit 300 g Nordseekrabbensalat, 1 hart gekochtem, gehacktem Ei und Kresse belegen.

FÜR TRAMEZZINI MIT LACHS: Die Brote mit 150 g Crème fraîche (verrührt mit 2–3 TL geriebenem Meerrettich und etwas Dill), 1 Handvoll klein gezupftem Rucola und 200 g in Streifen geschnittenem Räucherlachs belegen.

FÜR TRAMEZZINI MIT THUNFISCH: Die Brote mit 150 g Salatcreme (verrührt mit 100 g Thunfisch und 1 EL kleinen Kapern), 4 in Scheiben geschnittenen Tomaten und 1 in Streifen geschnittenen Mini-Romanasalat belegen.

TIPP *Die dick belegten dreieckigen Brote kann man in Italien an jeder Ecke kaufen. Sie sind eine perfekte Zwischenmahlzeit und ideal zum Mitnehmen an den Arbeitsplatz oder für ein Picknick.*

Mein Lieblingsrezept für...

SALATWRAPS MIT LACHSCREME

FÜR 4 PERSONEN // 🕐 20 min

1 Für die Lachscreme ½ *Bund Koriander* waschen und trocken tupfen, *1 Limette* halbieren, Wasabi (japan. Meerrettich), *125 g Räucher- oder Stremellachs* und *200 g Doppelrahmfrischkäse* bereitstellen.

2 Die Korianderblätter grob hacken, den Limettensaft auspressen und mit *3 TL Wasabi* in eine Schüssel geben. Den Lachs in Stücke zupfen und mit dem Doppelrahmfrischkäse dazugeben.

3 Die Zutaten in der Schüssel mischen und mit *Salz* und *Pfeffer aus der Mühle* abschmecken.

4 Von *1 Eissalat* 8 schöne äußere Blätter waschen und trockenschleudern. Jeweils 1 EL der Lachscreme in die Mitte eines Salatblatts setzen.

5 Die Salatblätter aufrollen und sofort servieren oder zum Mitnehmen nebeneinandergelegt in eine Frischhaltebox verpacken.

Puten-Spinat-Wraps

FÜR 2 PERSONEN

Für die Tortillas
100 g Dinkelvollkornmehl
100 ml fettarme Milch
100 ml Mineralwasser
(mit Kohlensäure)
¼ TL Salz · 1 Eigelb
Öl zum Braten

Für die Füllung
80 g Ricotta
2 EL fettarmer Naturjoghurt
2 TL Zitronensaft
½ rote Chilischote
Salz · Pfeffer aus der Mühle
2 TL Pinienkerne
50 g Putenbrustaufschnitt
(in dünnen Scheiben)
50 g Babyspinat
1 Frühlingszwiebel
8 Cocktailtomaten

Außerdem
2 Holzspieße (nach Belieben)

ZUBEREITUNG // ⏱ 40 min // 💧 30 min

1 Für die Tortillafladen das Mehl mit Milch, Mineralwasser, Salz und Eigelb in einer Schüssel glatt verrühren. Den Teig zugedeckt etwa 30 Minuten quellen lassen.

2 Inzwischen für die Füllung Ricotta mit Joghurt und Zitronensaft verrühren. Die Chilischote längs halbieren und entkernen, waschen und in feine Würfel schneiden. Die Chilischote unter die Ricottacreme rühren, mit Salz und Pfeffer würzen. Die Pinienkerne in einer beschichteten Pfanne ohne Fett leicht rösten. Herausnehmen und abkühlen lassen.

3 Die Putenbrustscheiben in feine Streifen schneiden. Den Spinat verlesen, waschen und trocken schleudern, grobe Stiele entfernen. Die Frühlingszwiebel putzen, waschen und in dünne Ringe schneiden. Die Tomaten waschen und in dünne Scheiben schneiden.

4 Den Teig nochmals durchrühren. Eine große beschichtete Pfanne (28 cm Ø) dünn mit Öl auspinseln und erhitzen. Die Hälfte des Teigs in die Pfanne geben und durch Drehen der Pfanne gleichmäßig darin verteilen. Den Fladen auf beiden Seiten etwa 2 Minuten backen, herausnehmen und warm halten. Den restlichen Teig auf die gleiche Weise zu einem zweiten Tortillafladen backen.

5 Die Tortillas auf der Arbeitsfläche ausbreiten und mit der Ricottacreme bestreichen, dabei den Rand frei lassen. Putenbrust, Spinat, Frühlingszwiebel, Tomaten und Pinienkerne darauf verteilen. Tortillas so aufrollen, dass Tüten entstehen, und vorn nach Belieben mit Holzspießen fixieren. Die Spitze in Pergamentpapier oder Folie wickeln.

TIPP *Vegetarier belegen die Vitalstoff-Wraps einfach mit Käse statt mit Putenbrustaufschnitt – zum Beispiel mit dünnen Edamer- oder Emmentalerscheiben.*

Unter freiem Himmel

An einem hübschen Plätzchen in der Natur Genuss und geselliges Beisammensein verbinden … Da schmeckt der Sommer gleich noch mal so gut!

GENIESSEN UNTER FREIEM HIMMEL

Übersetzt bedeutet das aus dem Französischen stammende Wort Picknick in etwa „eine Kleinigkeit aufpicken": Richtig in Mode kam es im 18. und 19. Jahrhundert, als Menschen jeder sozialen Schicht begannen, sich von alten Konventionen zu befreien. Man weiß, dass selbst die Königin Viktoria gerne unter freiem Himmel speiste, aber auch Bürgertum und Arbeiter veranstalteten regelmäßige Picknicks. Die Kunst inspirierte diese neu errungene Lässigkeit ebenfalls: Das Gemälde „Frühstück im Grünen" von Edouard Manet ist eines der berühmtesten „Picknicks" der Kunstgeschichte.

Wenn wir uns heute mit köstlichen Häppchen, Decke und kühlen Getränken auf einer Wiese niederlassen, ist es neben der Natur rundum auch dieses Gefühl von Freiheit, das ein Picknick so besonders macht.

Eine spezielle Variante begegnet uns im Bierland Bayern. Nachdem die Bierkeller, deren große Kastanien vor allem dazu dienten, das Bier in den darunterliegenden Kellern kühl zu halten, die Ausflügler anzogen, die Brauer aber außer Bier nur Brot verkaufen durften, wurde es den Gästen erlaubt, eigene Speisen im Biergarten zu verzehren – was sich bis heute größter Beliebtheit erfreut.

An einem schattigen Plätzchen mit einem kühlen Getränk in der Hand eine Kleinigkeit genießen – was gibt es Schöneres an heißen Sommertagen?

WURSTSALATVARIATIONEN

1 Für einen bayerischen Wurstsalat verwenden Sie in Scheiben geschnittene Fleischwurst oder Regensburger Würste, Essiggurken und Zwiebeln, und bereiten den Salat wie auf Seite 121 beschrieben zu.

2 In Baden hat der Wurstsalat einen ganz anderen Schnitt und enthält zudem Käse. Die Grundzutaten sind etwa 700 g Fleischwurst, 100 g Emmentaler und Essiggurken, in feine Streifen geschnitten. Wie oben marinieren und nach Belieben mit Schnittlauchröllchen bestreut servieren.

3 Der Schweizer Wurstsalat besteht aus Fleischwurstscheiben, Emmentalerstreifen und nach Gusto einer in feine Streifen geschnittenen eingelegten Paparikaschote.
Jeder Wurstsalat gewinnt an Geschmack, wenn er mindestens 10 Minuten ziehen kann. Zu allen Wurstsalaten schmeckt frisches dunkles Bauernbrot mit Butter oder Laugengebäck.

RETTICH SCHNEIDEN

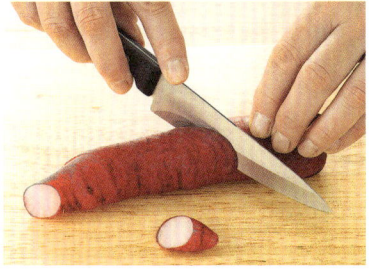

1 Für den Ziehharmonika-Schnitt die Schraube vom Rettichschneider mittig in die Schnittfläche des Rettichs drehen. Den Stab aufsetzen und das Messer bis zum Ende des Stabs drehen.

2 Für den Ziehharmonika-Schnitt die Wurzelspitze abschneiden und den Rettich in gleichmäßigen Abständen quer einschneiden. Den Rettich drehen und die andere Seite ebenso schräg einschneiden. Dann lässt sich der Rettich wie eine Ziehharmonika auseinanderziehen.

Tipp: Den geschnittenen Rettich vor dem Servieren mit Salz würzen und etwa 10 Minuten ziehen lassen. Dabei verliert er Wasser und wird weicher.

Fischbrötchen

ZUBEREITUNG // ⏱ 5 min

1 Die Brötchen halbieren und die Gewürzgurken in Scheiben schneiden. Die Zwiebel schälen und in Ringe schneiden. Die Heringe abtropfen lassen, auf die unteren Brötchenhälften legen und die Gurkenscheiben und die Zwiebelringe darauf verteilen. Die zweiten Brötchenhälften darauflegen.

Variationen: Die sauren Gurken beim Bismarckhering können durch 2 EL Sauerkraut ersetzt werden. Alternativen zum Herings-

klassiker sind Fischbrötchen mit Räucherforelle und dünnen Apfelscheiben, frischem Dill und Frühlingszwiebeln oder aber auch Stremellachs mit Remoulade, hart gekochtem Ei und Rucola. Oder man legt geräucherte Makrele mit Sahnemeerrettich und Salat zwischen das Brötchen seiner Wahl. Hier geht es einfach nur darum, worauf man Lust hat und was einem persönlich schmeckt.

FÜR 4 PERSONEN

4 Brötchen

2 Gewürzgurken

1 rote Zwiebel

4 Bismarckheringe oder Matjesheringe (aus dem Glas)

das ist richtig lecker!

Fischkopp

FÜR 4 PERSONEN

8 Romana-Salatherz-Blätter
50 g Salatgurke
1 weiße Zwiebel
4 Burgerbrötchen
Öl und Butterschmalz
zum Ausbacken
4 panierte Fischfilets
4 EL Remoulade
ca. 6 EL Heringssalat
(Fertigprodukt)

ZUBEREITUNG // 🕐 25 min

1 Den Salat waschen und trocken schleudern, Blätter nach Belieben etwas klein zupfen. Die Gurke waschen und in dünne Scheiben schneiden. Die Zwiebel schälen und in feine Würfel schneiden.

2 Den Backofen auf 100 °C Umluft vorheizen. Die Burgerbrötchen halbieren und im Ofen auf dem mit Backpapier belegten Ofengitter 6 bis 8 Minuten erwärmen.

3 Zu gleichen Teilen Öl und Butterschmalz 1 cm hoch in einer großen Pfanne erhitzen und die Fischfilets darin 3 bis 4 Minuten ausbacken. Wenden und 3 bis 4 Minuten fertig ausbacken. Herausnehmen und auf Küchenpapier abtropfen lassen.

4 Die unteren Hälften der Brötchen mit je ½ EL Remoulade bestreichen, den Salat und die Gurkenscheiben darauf verteilen und den Fisch darauflegen. Je 1½ EL Heringssalat daraufgeben und die Zwiebelwürfel darüberstreuen. Die oberen Brötchenhälften mit der restlichen Remoulade bestreichen, daraufsetzen und die Burger sofort servieren.

Ochsensemmel mit Coleslaw

FÜR 4 PERSONEN

Für den Coleslaw
1 kleiner Spitzkohl
Salz
150 g Mayonnaise
100 g saure Sahne
1 EL scharfer Senf
2 TL geriebener Meerrettich
(frisch oder aus dem Glas)
2 Möhren
Zucker
Paprikapulver (edelsüß)
1 Spritzer Zitronensaft
Für die Ochsensemmel
2 Zwiebeln
Salz
6 EL Sonnenblumenöl
2 Zweige Majoran
½ Bund Schnittlauch
1 EL Butter
Pfeffer aus der Mühle
4 Kaiserbrötchen
8 kleine Ochsen- oder Rinder-
filetsteaks (à 40 g)

ZUBEREITUNG // ⊕ 50 min

1 Für den Coleslaw den Spitzkohl putzen, waschen, halbieren, den Strunk keilförmig herausschneiden und den Kohl in sehr feine Streifen schneiden oder hobeln. In einer Schüssel mit etwas Salz weich kneten, dann beiseitestellen.

2 Die Mayonnaise mit saurer Sahne, Senf und Meerrettich glatt rühren. Die Möhren putzen, schälen und raspeln. Den Spitzkohl gut ausdrücken und mit den Möhrenraspeln zur Mayonnaise-Mischung geben, alles gut vermengen. Den Salat mit Salz, je 1 Prise Zucker und Paprikapulver sowie dem Zitronensaft abschmecken.

3 Für die Ochsensemmel die Zwiebeln schälen, in feine Ringe schneiden und leicht salzen. Die Hälfte des Öls in einer Pfanne erhitzen und die Zwiebelringe darin bei mittlerer Hitze etwa 8 Minuten goldbraun braten.

4 Den Backofen auf 50 °C vorheizen. Majoran und Schnittlauch waschen und trocken schütteln. Die Majoranblättchen abzupfen und fein hacken, den Schnittlauch in feine Röllchen schneiden. Die Kräuter mit der Butter unter die Zwiebeln rühren, mit Pfeffer würzen. Die Zwiebeln im Ofen warm stellen.

5 Die Brötchen jeweils halbieren und auf dem Ofengitter im Ofen erwärmen. Das restliche Öl in einer Pfanne erhitzen und die Steaks darin auf jeder Seite 1 bis 2 Minuten scharf anbraten (medium rare bis medium). Mit Salz und Pfeffer würzen.

6 Das Fleisch und die Zwiebeln auf den unteren Brötchenhälften verteilen, mit den oberen Hälften bedecken und sofort mit dem Coleslaw servieren.

TIPP *Mit Spitzkohl wird der amerikanische Krautsalat noch feiner als mit dem klassischen Weißkohl. Meerrettich verleiht dem Coleslaw eine feine Schärfe und verbessert die Bekömmlichkeit.*

Obatzda mit Birne

ZUBEREITUNG // ⏱ 10 min

1 Die Birne schälen, das Kerngehäuse entfernen und das Fruchtfleisch in ½ cm große Würfel schneiden.

2 Die Frühlingszwiebeln putzen, waschen und das Hellgrüne in dünne Ringe schneiden.

3 Die Radieschen putzen, waschen und in kleine Würfel schneiden. Den Camembert ebenfalls in Würfel schneiden.

4 Den Frischkäse in einer Schüssel mit Birne, Frühlingszwiebeln, Radieschen und Käse mit dem Teigschaber verrühren.

5 Obatzden mit Chilisalz und der Mischung aus der Mühle kräftig würzen. Sahne hinzufügen und unterrühren. Den Schnaps untermischen.

6 Den Obatzden mit brauner Butter abschmecken. Zuletzt vom Weißbier 2 bis 3 EL Schaum abnehmen und unter den Obatzden rühren. Zu Bauernbrot oder Laugenbrezeln servieren.

FÜR 4 PERSONEN

½ reife, feste große Birne

3–5 Frühlingszwiebeln

5 Radieschen

250 g reifer Camembert (Zimmertemperatur)

250 g Frischkäse

Salz · Paprikapulver (edelsüß)

ganzer Kümmel, Koriander- und Pimentkörner für die Gewürzmühle

3–4 EL Sahne

2 cl Williamsgeist

3 EL braune Butter

1 Glas Weißbier (mit Schaum)

FÜR 4 PERSONEN

800 g grobe Fleischwurst
(z.B. Regensburger)
2 Zwiebeln
3 Stangen grüner Spargel
80 g breite grüne Bohnen · Salz
100 g Cocktailtomaten
8 Radieschen
½ gelbe oder grüne Zucchini
80 g weiße Bohnen (aus der Dose)
300 ml lauwarme Gemüsebrühe
1–2 TL scharfer Senf
2 EL Rotweinessig
Zucker · Salz
Chiliflocken
je 1 EL Rapsöl und Olivenöl
1 EL gehackte Petersilie

Bunter Wurstsalat

ZUBEREITUNG // ⏱ 30 min // 💧 10 min

1 Die Wurst häuten und in Scheiben schneiden, Zwiebeln schälen und in Streifen schneiden.

2 Den Spargel waschen, im unteren Drittel schälen und holzige Enden entfernen. Schräg in Stücke schneiden. Bohnen putzen und in Stücke schneiden. Spargel und Bohnen in Salzwasser 5 bis 6 Minuten blanchieren und kalt abschrecken. Beides abgießen und abtropfen lassen. Tomaten waschen, trocken tupfen und halbieren.

3 Radieschen putzen, waschen und in Stücke schneiden. Zucchini putzen, waschen und in Stücke schneiden.

4 Wurst, Zwiebeln, Spargel, grüne und weiße Bohnen, Tomaten, Radieschen und Zucchini in einer Schüssel mischen.

5 Die Brühe in einem hohen Rührbecher mit Senf und Essig mischen. Mit Zucker, Salz und Chiliflocken abschmecken. Mit dem Stabmixer aufschlagen. Die beiden Ölsorten ebenfalls untermixen.

6 Das Dressing mit dem Wurstsalat mischen und die Petersilie darüberstreuen. Vor dem Servieren 10 Minuten ziehen lassen.

SÜSSES UND DESSERTS

zum Verwöhnen

Eistorte mit zweierlei Saucen

FÜR 12 STÜCKE

Für die Eistorte

50–70 g Rosinen

150 ml Rum

750 g Sahne

8 Baisers (Fertigprodukt)

100 g gemahlene Nüsse
(z.B. Haselnüsse oder
Walnüsse)

100 g geraspelte Zartbitterschokolade

Für die Himbeersauce

250 g Himbeeren
(frisch oder tiefgekühlt)

4 EL Zitronensaft

2 EL Puderzucker

Für die Cassissauce

150 g Schwarze Johannisbeeren

150 g Brombeeren

2 EL Puderzucker

4 EL Limettensaft

3 cl Crème de Cassis
(Schwarzer Johannisbeerlikör)

ZUBEREITUNG // ⏱ 30 min // ❄ 24 h

1 Am Vortag für die Eistorte die Rosinen in Rum einlegen. Die Sahne steif schlagen und die Baisers zerbröckeln. Die Nüsse, die Rumrosinen, die Baiserstücke und die Schokolade unter die geschlagene Sahne heben. Die Sahne-Baiser-Masse in eine Springform (26 cm Ø) füllen, glatt streichen und im Tiefkühlfach 24 Stunden gefrieren lassen.

2 Am nächsten Tag für die Himbeersauce die frischen Himbeeren verlesen, vorsichtig waschen und trocken tupfen. Oder die tiefgekühlten Himbeeren auftauen lassen. Die Himbeeren mit dem Zitronensaft und dem Puderzucker in einen Rührbecher geben und mit dem Stabmixer fein pürieren.

3 Für die Cassissauce die Johannisbeeren waschen, mit einer Gabel von den Rispen streifen und trocken tupfen. Die Brombeeren verlesen, waschen und trocken tupfen. Die Beeren in einem Topf mit Puderzucker, Limettensaft und 3 EL Wasser aufkochen und 5 Minuten weich garen, dabei immer wieder umrühren. Die Beeren durch ein Sieb streichen, die Crème de Cassis unterrühren und die Sauce bis zum Servieren kühl stellen.

4 Die Eistorte kurz vor dem Servieren aus dem Tiefkühlfach nehmen, in Stücke schneiden und mit der Himbeer- und der Cassissauce auf Desserttellern anrichten.

Beerensorbet

ZUBEREITUNG // ⏱ 5 min

1 Die gefrorene Beerenmischung mit dem Agavendicksaft, 80 ml Wasser und dem Zitronensaft im Mixer 2 bis 3 Minuten zu einer cremigen Masse pürieren.

2 Das Johannisbrotkernmehl dazugeben und alles nochmals gut durchmixen. Das Beerensorbet sofort genießen oder in ein gefrierfestes vorgekühltes Gefäß mit Deckel füllen und im Tiefkühlfach aufbewahren.

Tipp: Einmal Beeren satt oder doch lieber jede Sorte für sich? Machen Sie das Sorbet, dass Sie spontan am meisten anmacht! Alle Beeren stecken voller Antioxidanzien und schützen vor freien Radikalen! Brombeeren wirken übrigens entwässernd, Himbeeren regen den Stoffwechsel an, und Erdbeeren bremsen Hungergefühle.

FÜR CA. 500 ML

400 g gemischte tiefgekühlte Beeren
200 ml Agavendicksaft
2 EL Zitronensaft
½ TL Johannisbrotkernmehl (ca. 1 g)

Vitaminbombe

FÜR CA. 550 ML

50 g Basilikumblätter
50 ml Zitronensaft
(frisch gepresst)
300 ml Apfelsaft (naturtrüb)
40 g Puderzucker
½ TL Matcha-Pulver

Basilikumsorbet

ZUBEREITUNG // ⏱ 5 min **//** ❄ 30 min

1 Das Basilikum waschen und trocken tupfen. Mit dem Zitronen- und Apfelsaft, dem Puderzucker und dem Matcha-Pulver in den Mixer geben.

2 Anschließend 200 ml Wasser hinzufügen und alles 2 bis 3 Minuten cremig pürieren.

3 Die Basilikummischung in der Eismaschine 25 bis 30 Minuten gefrieren lassen, bis die gewünschte Konsistenz erreicht ist. Das Basilikumsorbet sofort genießen oder in ein gefrierfestes vorgekühltes Gefäß mit Deckel füllen und im Tiefkühlfach aufbewahren.

Mein Lieblingsrezept für...

ein Dessert

ZITRONEN-GRANITA

FÜR 4 PERSONEN // ⏱ 15 min // ❄ 4 h

1 *250 g Zucker* mit *500 ml Wasser* mischen, aufkochen und 5 Minuten sprudelnd kochen lassen. Beiseitestellen und abkühlen lassen.

2 *1 Bio-Zitrone* waschen, trockenreiben und die Schale fein abreiben. 3 bis 4 Zitronen halbieren und den Saft auspressen und 200 ml Saft abmessen.

3 In einer flachen Auflaufform 350 ml Zuckersirup mit dem Zitronensaft und der -schale mischen und etwa 1½ Stunden tiefkühlen.

4 Die angefrorene Masse mit einer Gabel durchrühren und weitere 2½ Stunden tiefkühlen, dabei immer wieder umrühren. Die Granita ist fertig, wenn sie gleichmäßig die Struktur von fein gecrushtem Eis aufweist.

5 Die Granita in vorgekühlten Gläsern mit einer Zitronenzeste garniert servieren.

HIMBEER-GRANITA: *125 g Himbeeren* pürieren und durch ein feines Sieb streichen. Mit *250 ml Zuckersirup* und *150 ml Weißwein* mischen und wie oben beschrieben fertigstellen. Mit *Minzeblättern* garniert servieren.

Himbeerpüree mit Joghurt und Minze

ZUBEREITUNG // ⏱ 20 min **//** ❄ 1 h

1 Die Himbeeren waschen und trocken tupfen.
4 Himbeeren für die Garnitur beiseitelegen,
den Rest in einem hohen Rührbecher mit dem
Stabmixer pürieren. Das Fruchtpüree durch
ein feines Sieb streichen.

2 Die Sahne in einem hohen Rührbecher mit den
Quirlen des Handrührgeräts steif schlagen.

3 Die Eigelbe in einer Schüssel mit den Quirlen
des Handrührgeräts cremig schlagen. Zuerst
den Zucker und das Vanillemark, dann
das Himbeerpüree, den Frischkäse und den

Joghurt unterrühren. Zuletzt die geschlagene
Sahne unter die Creme heben.

4 Die Himbeercreme in Dessertgläser oder
-schälchen füllen und 1 Stunde kühl stellen.

5 Das Baiser in kleine Stücke brechen und über
die Himbeercreme streuen. Das Dessert mit
Minzeblättern und je 1 Himbeere garnieren.

FÜR 4 PERSONEN

150–200 g Himbeeren

100 g Sahne

2 Eigelb

100 g Zucker

1 Msp. Vanillemark

50 g Frischkäse

50 g Naturjoghurt

Minzeblätter

1 Baiser (ca. 15 g)

FÜR 4 PERSONEN

100 g ungesalzene Pistazienkerne

1 Vanilleschote

250 g Mascarpone

3 EL Orangensaft

2 EL Limettensaft

4 EL Puderzucker

2 TL Vanillezucker

100 g Sahne

400 g Melonenfruchtfleisch (Honig-,
Charentais- oder Wassermelone)

250 g Erdbeeren

4 Nektarinen

Fruchtspieße mit Pistaziendip

ZUBEREITUNG // ⏱ 15 min

1 Für den Dip die Pistazien sehr fein hacken. Die Vanilleschote der Länge nach aufschneiden und das Mark mit einem Messer herauskratzen.

2 Den Mascarpone mit dem Orangen- und dem Limettensaft verrühren. Pistazien, Vanillemark, Puder- und Vanillezucker unterrühren. Die Sahne steif schlagen und mit dem Schneebesen unterziehen.

3 Das Melonenfruchtfleisch gegebenenfalls entkernen und in etwa 3 cm große Würfel schneiden. Die Erdbeeren waschen, putzen und trocken tupfen. Die Nektarinen waschen und das Fruchtfleisch in Spalten vom Stein schneiden.

4 Die Früchte im Wechsel auf 8 lange Holzspieße stecken und die Fruchtspieße mit dem Pistaziendip anrichten.

Tipp: Ein Fruchtspieß aus verschiedenen Sorten Melone, mit einem Kugelausstecher ausgehöhlt, sieht auch gut aus.

Dauerbrenner

Rote Grütze mit Beeren und Kirschen

FÜR 4 PERSONEN

50 g Perlsago
600 g gemischte Beeren
(z.B. Erdbeeren, Himbeeren,
Brombeeren, Johannisbeeren)
200 g Kirschen
1 Vanilleschote
200 ml Rotwein
200 ml Roter Johannisbeersaft
200 ml Kirschsaft
75 g Zucker
Saft von 1 Zitrone
1 Zimtstange
4 EL saure Sahne
50 g Mandelblättchen

ZUBEREITUNG // ⏱ 40 min // ❄ 30 min

1 Den Perlsago 20 Minuten in Wasser einweichen. Die Beeren verlesen, waschen und trocken tupfen. Die Johannisbeeren mit einer Gabel von den Rispen streifen. Die Erdbeeren putzen. Die Kirschen waschen und entsteinen.

2 Die Vanilleschote längs aufschneiden. Den Wein mit den beiden Säften in einen Topf geben. Mit 60 g Zucker, der Vanilleschote, dem Zitronensaft und der Zimtstange aufkochen. Ein Viertel der Beeren und den Sago unterrühren. Die Grütze bei schwacher Hitze etwa 15 Minuten köcheln lassen, bis der Sago durchsichtig ist und bindet.

3 Dann die restlichen Früchte dazugeben und vom Herd nehmen. Die Grütze unter gelegentlichem Rühren abkühlen lassen. Die Vanilleschote und die Zimtstange wieder entfernen.

4 Die saure Sahne mit dem restlichen Zucker glatt rühren. Die Mandelblättchen in einer Pfanne ohne Fett hell rösten. Die Grütze in Schälchen füllen und je 1 Klecks saure Sahne daraufsetzen. Die Grütze mit Mandeln bestreut servieren. Nach Belieben mit frischen Beeren und Kirschen garnieren.

TIPP   *Perlsago oder Sago sind geschmacksneutrale pflanzliche Kügelchen zum Binden von Grützen, Puddings oder Suppen. Es wird aus der Stärke der Sagopalme oder des Manioks hergestellt.*

Mascarponecreme

mit Roten Johannisbeeren

ZUBEREITUNG // ⏱ 10 min // ❄ 1 h

1 Den Mascarpone in einer Schüssel nit dem
Zucker und der Milch glatt rühren, bis sich
der Zucker aufgelöst hat.

2 Die Sahne steif schlagen und vorsichtig unter
die Mascarponecreme heben.

3 Die Mascarponecreme in (Dessert-)Gläser
füllen und bis zum Servieren mindestens
1 Stunde kühl stellen.

4 Kurz vor dem Servieren die Beeren waschen,
trocken tupfen und mit einer Gabel von den
Rispen streifen. Die Johannisbeeren auf der
Creme verteilen und servieren.

Tipp: Ganze Johannisbeerrispen waschen, noch
feucht in Zucker wälzen und trocknen lassen.
Die Dessertgläser nach Belieben damit
garnieren.

das ist *richtig* lecker!

FÜR 4 PERSONEN

300 g Mascarpone

60 g Zucker

50 g Milch

150 g Sahne

400 g Rote Johannisbeeren

FÜR 4 PERSONEN

200 g Mehl

2 EL Zucker

Salz

100 g Butter

1 Ei

250 g rote Stachelbeeren

80 g Gelierzucker (3:1)

Butter für die Formen

Mehl für die Arbeitsfläche

Hülsenfrüchte zum Blindbacken

2 Eiweiße

100 g Puderzucker

Puderzucker zum Bestäuben

Stachelbeer-Baiser-Törtchen

ZUBEREITUNG // ⏱ 35 min // 🍳 30 min // ❄ 1 h 30 min

1 Mehl, Zucker, 1 Prise Salz, klein geschnittene Butter und das Ei rasch zu einem glatten Mürbeteig verkneten und in Frischhaltefolie gewickelt 1 Stunde kühl stellen.

2 Die Stachelbeeren waschen, putzen und halbieren. Mit dem Gelierzucker unter Rühren aufkochen und bei schwacher Hitze 5 bis 10 Minuten köcheln lassen, bis die Beeren zerfallen sind.

3 Backofen auf 180 °C Umluft vorheizen. Vier Tarteförmchen (12 cm Ø) fetten. Den Teig auf der bemehlten Arbeitsfläche rund ausrollen und die Formen damit auslegen, dabei je-weils einen kleinen Rand formen. Die Teigböden mit Backpapierkreisen belegen, mit Hülsenfrüchten auffüllen und im Ofen etwa 25 Minuten backen. Herausnehmen, Hülsenfrüchte und Backpapier entfernen.

4 Stachelbeermasse auf den Kuchenböden verstreichen und 30 Minuten kühl stellen. Den Backofengrill einschalten. Eiweiße steif schlagen, dabei den Puderzucker einrieseln lassen. Baisermasse mit einem Spritzbeutels in Form von Tupfen auf die Stachelbeertörtchen spritzen und im Ofen etwa 5 Minuten leicht gebräunt gratinieren. Mit Puderzucker bestäubt servieren.

Melonensuppe mit Minzpesto

FÜR 4 PERSONEN

Für die Suppe

1½ kg Wassermelone

1 Stück Ingwer (1 cm)

Saft und abgeriebene Schale von
1 Bio-Limette

Für das Minzpesto

8 Stiele Minze

15 g gehackte Mandeln

30 g Pistazienkerne

4 TL Agavensirup
(ersatzweise Honig)

Saft von ½ Limette

ZUBEREITUNG // ⏲ 20 min // ❄ 2 h

1 Für die Suppe die Wassermelone vierteln, falls nötig, die Kerne entfernen. Das Fruchtfleisch klein schneiden. Den Ingwer schälen und auf der Gemüsereibe fein reiben. Melonenwürfel, Ingwer, Limettensaft und -schale im Mixer fein pürieren und kühl stellen.

2 Für das Minzpesto die Minze waschen, trocken schütteln und die Blätter abzupfen. Die Mandeln in einer Pfanne ohne Fett goldbraun rösten. Minzeblätter, Mandeln, Pistazien, Agavensirup und Limettensaft im Blitzhacker fein pürieren.

3 Die kalte Melonensuppe auf vier Teller verteilen und mit dem Minzpesto servieren.

Melonensuppe mit Honigmandeln

FÜR 4 PERSONEN

Für die Suppe

1½ kg Charentais-Melone

1 Stück Ingwer (1 cm)

Saft und abgeriebene Schale von
2 Bio-Limetten

Für die Honigmandeln

100 g Mandelblättchen

75 g Akazienhonig

Außerdem

2 Stiele Zwergbasilikum

ZUBEREITUNG // ⏲ 20 min // ❄ 2 h

1 Für die Suppe die Charentais-Melone vierteln und die Kerne entfernen. Das Fruchtfleisch klein schneiden. Den Ingwer schälen und auf der Gemüsereibe fein reiben. Melone, Ingwer, Limettenschale und -saft im Mixer fein pürieren und kühl stellen.

2 Für die Honigmandeln die Mandelblättchen in einer Pfanne ohne Fett goldbraun rösten. Mit dem Honig vermischen. Basilikum waschen, trocken tupfen und die Blätter abzupfen.

3 Die kalte Melonensuppe auf vier Teller verteilen und mit den Honigmandeln und den Basilikumblättern garniert servieren.

mit Frische-Kick

Vanille-Grießknödel
mit marinierten Erdbeeren

ZUBEREITUNG // ⏱ 35 min // ❄ 1 h

1 Vanillemark, Milch, Butter und Zucker aufkochen, den Grieß unter Rühren einrieseln lassen. Bei schwacher Hitze weiterrühren, bis sich die Masse vom Topfboden löst. Vom Herd nehmen und abkühlen lassen. Die Eier nacheinander unterrühren. Aus der Masse 8 Knödel formen und zugedeckt etwa 1 Stunde kühl stellen.

2 Die Hälfte der gewaschenen und geputzten Erdbeeren mit Puderzucker und Likör fein pürieren und mit Zitronensaft abschmecken. Die restlichen Beeren halbieren, untermischen und das Püree 1 Stunde kühl stellen.

3 Reichlich Wasser mit Zucker, 1 TL Salz und der Zitronenhälfte aufkochen. Die Knödel darin bei schwacher Hitze 12 bis 15 Minuten garen, bis sie nach oben steigen.

4 Die Amarettini im Blitzhacker fein zerkleinern und die abgetropften Knödel darin wenden.

5 Die Vanille-Grießknödel mit den marinierten Erdbeeren anrichten. Nach Belieben mit etwas Puderzucker bestäuben und mit Zitronenverbene- oder Zitronenmelisseblättern garnieren.

ZUTATEN FÜR 4 PERSONEN

Für die Knödel
Mark von 1 Vanilleschote
½ l Milch · 120 g Butter
5 EL Zucker
125 g Hartweizengrieß
2 Eier

Für die Erdbeeren
500 g Erdbeeren
ca. 4 EL Puderzucker
2–3 EL Orangenlikör
(z.B. Grand Marnier)
1–2 TL Zitronensaft

Außerdem
1 EL Zucker · Meersalz
½ Bio-Zitrone
80 g Amarettini (ital. Mandelkekse)

Überbackene Pfirsiche mit Marsala

FÜR 4 PERSONEN

2 Eigelb

3 EL Zucker

50 ml Marsala (ital. Dessertwein)

Butter für die Form

1 Handvoll Cantuccini
(ital. Mandelkekse)

4 reife Pfirsiche

Puderzucker zum Bestäuben

ZUBEREITUNG // ⏱ 25 min // ▣ 10 min

1 Die Eigelbe mit dem Zucker im heißen Wasserbad mit dem Schneebesen cremig schlagen. Unter Rühren den Marsala angießen und etwa 10 Minuten weiterschlagen, bis sich das Volumen der Masse verdoppelt hat. Im kalten Wasserbad weiterschlagen und abkühlen lassen.

2 Den Backofen auf 220 °C vorheizen. Eine ofenfeste Form einfetten. Die Cantuccini zerbröseln und unter die Eicreme mischen. Die Pfirsiche waschen, halbieren, die Steine entfernen und die Früchte in die Form setzen. Mit der Cantuccini-Creme füllen und im Ofen auf der mittleren Schiene etwa 10 Minuten goldbraun gratinieren.

3 Die Pfirsiche herausnehmen, etwas abkühlen lassen und mit Puderzucker bestäubt servieren. Dazu nach Belieben Schlagsahne und Vanilleeis reichen.

Brombeertarte

Für den Mürbeteig

1 Bio-Zitrone

400 g Dinkelmehl (Type 630)

125 g brauner Zucker

Salz

½ TL Zimtpulver

275 g Butter

1 Ei

Für den Belag

700 ml Milch

2 Päckchen Bourbon-Vanille-
puddingpulver

100 g brauner Zucker

500 g Brombeeren

350 g Magerquark

2 Eier

Außerdem

Fett für die Formen

Mehl für die Arbeitsfläche

ZUBEREITUNG // ⏱ ca. 50 min // ▨ 45 min

1 Für den Mürbeteig die Zitrone heiß waschen, trocken reiben und die Schale abreiben. Mehl, Zucker, 1 Prise Salz, Zimt und Zitronenschale in eine Schüssel geben. Die Butter in Würfel schneiden und mit dem Ei zum Mehlgemisch geben. Alle Zutaten zu einem glatten Teig verkneten. Eine Kugel daraus formen und in Frischhaltefolie gewickelt mindestens 30 Minuten kühl stellen.

2 Für den Belag die Milch in einen Topf geben. 8 EL davon abnehmen und das Puddingpulver darin anrühren. Die restliche Milch mit dem Zucker aufkochen. Unter Rühren das Puddingpulver hinzufügen und etwa 1 Minute köcheln lassen. In eine Metallschüssel füllen und auf die Oberfläche ein Stück Frischhaltefolie legen. Im kalten Wasserbad abkühlen lassen.

3 Die Brombeeren verlesen, waschen und auf einem Sieb sehr gut abtropfen lassen. Den Quark und die Eier verrühren und den Pudding esslöffelweise unterrühren.

4 Den Backofen auf 190 °C vorheizen. Die Tarteformen einfetten. Den Mürbeteig halbieren und nacheinander auf der bemehlten Arbeitsfläche rund (à 26 cm Ø) ausrollen. Die Tarteformen mit dem Mürbeteig auslegen. Dabei den Teig an den Rändern andrücken. Jeweils die Hälfte der Quarkfüllung daraufgeben und mit den Brombeeren belegen.

5 Die Tartes im Ofen auf der untersten Schiene 40 bis 45 Minuten backen, herausnehmen und etwas abgekühlt servieren.

TIPP *Wer nur eine Tarteform hat, kann die Rezeptmenge auch halbieren und einen Kuchen backen. Dann aber für den Teig nur 1 Eigelb verwenden.*

das ist unser Liebling

Die Beeren sind los!

Neben Melonen und Steinobst wie Aprikosen und Kirschen sind Beeren das Schönste, was der Sommer an Obst zu bieten hat! Und wer es ganz besonders intensiv mag, leistet sich die jeweilige „wilde" bzw. „Wald"-Version.

1_ERDBEEREN die wunderbar duften, schmecken in der Regel auch so. Die Farbe dagegen, auch wenn sie noch so schön rot leuchtet, ist kein Garant für Süße und Aroma! Da Erdbeeren nicht nachreifen, sollte man sie möglichst reif kaufen, am besten frisch aus der Gegend, sodass die Früchte keine weiten Transportwege hinter sich haben.

2_HIMBEEREN schmecken einzigartig! Da es sowohl Sommer- als auch Herbsthimbeeren gibt, können wir sie einige Monate frisch genießen. Himbeeren sind empfindlich, deshalb verzichtet man am besten ganz aufs Waschen.

3_PFLAUMEN gibt es in allen erdenklichen Farben: Sie können außen grün-gelb, gelb, rot oder violett sein. Das Fruchtfleisch ist meist gelblich, die intensive Farbe sitzt ausschließlich in der Außenhaut.

4_HEIDELBEEREN die man zu kaufen bekommt, sind in der Regel aus Kulturen, mit einem hellen, nicht färbendem Fruchtfleisch.

5_NEKTARINEN sind außen glatt wie ein Babypopo und innen entweder gelb- oder orangefleischig und somit eine Varietät des Pfirsichs. Beide gibt es auch in der abgeflachten Form als „Weinbergpfirsich" bzw. „-nektarine" im Handel zu kaufen.

Birnen-Mohn-Muffins

ZUBEREITUNG // ⏱ 10 min // 🖼 20 min

1 Den Backofen auf 180 °C vorheizen. Die
Vertiefungen einer 12er-Muffinform mit
Butter einfetten oder Papierbackförmchen
hineinstellen.

2 Das Öl mit Buttermilch und Ei gründlich
verrühren. Mehl, Mohn, Zucker, Backpulver
und Vanille in einer Schüssel mischen. Die
Birnen vierteln und schälen, entkernen und in
kleine Würfel schneiden. Die Birnenwürfel
in 1 EL Mehlmischung wenden.

3 Die Buttermilchmischung und die übrige
Mehlmischung sowie die Birnenwürfel mit

dem Kochlöffel kurz verrühren. (Auf keinen
Fall zu lange rühren, sonst werden die Muffins klebrig!) Den Teig in die Mulden verteilen und die Muffins im Ofen auf der mittleren
Schiene etwa 20 Minuten backen.

4 Die Muffins aus dem Ofen nehmen und 5 Minuten in der Form abkühlen lassen, dann herauslösen und auf dem Kuchengitter vollständig abkühlen lassen. Zum Servieren mit
Puderzucker bestäuben.

FÜR 12 STÜCK

100 ml Rapskernöl

200 g Buttermilch

1 Ei

250 g Dinkelvollkornmehl

2 EL gemahlener Mohn

75 g Vollrohrzucker

2 TL Weinstein-Backpulver

½ TL gemahlene Vanille

2 kleine reife Birnen (ca. 250 g)

Puderzucker zum Bestäuben

Butter oder 12 Papierbackförmchen für

das Blech

FÜR 1 GLAS (CA. 450 ML INHALT)

150 g Heidelbeeren

100 g natives Kokosöl (streichfest)

6 frische Datteln (ohne Stein)

50 g weißes Mandelmus

½ TL abgeriebene Bio-Zitronenschale

Meersalz

Heidelbeer-Mandel-Creme

ZUBEREITUNG // ⏱ 10 min

1 Frische Heidelbeeren verlesen, waschen und gut abtropfen lassen, tiefgekühlte Beeren auftauen lassen. Die Beeren mit dem Kokosöl in einem Topf kurz erhitzen.

2 Die Beeren-Kokosöl-Mischung mit Datteln, Mandelmus, Zitronenschale und 1 Prise Salz in den Küchenmixer geben. Alles auf höchster Stufe 20 Sekunden glatt mixen. Entweder direkt als cremigen, dickflüssigen Aufstrich essen oder im Kühlschrank fester werden lassen. Dort hält er sich 4 bis 6 Tage.

GETRÄNKE

Holunderblütensirup mit Zitrone

FÜR CA. 1 L SIRUP

6–8 Holunderblütendolden
1 Bio-Zitrone
600 g Zucker
1 Zitrone

ZUBEREITUNG // ⏱ 15 min // ▣ 10 min // ♦ 2 d

1 Die Holunderblütendolden vorsichtig ausschütteln und verlesen, dabei lange Stängel abschneiden. Die Bio-Zitrone heiß waschen und in Scheiben schneiden. Blütendolden und Zitronenscheiben in eine Schüssel füllen.

2 Den Zucker mit 800 ml Wasser unter Rühren langsam aufkochen und bei mittlerer Hitze etwa 10 Minuten köcheln lassen.

3 Vom Herd nehmen, lauwarm abkühlen lassen und über die Holunderblüten gießen. Die Schüssel zudecken und die Mischung etwa 2 Tage an einem dunklen, kühlen Ort ziehen lassen.

4 Den Sirup durch ein saubereres Geschirrtuch oder ein sehr feines Sieb in einen Topf gießen. Die Zitrone halbieren, auspressen, zum Sirup geben und unter Rühren aufkochen.

5 Den Holunderblütensirup in heiß ausgespülte Flaschen füllen und gut verschlossen aufbewahren.

TIPP *Den Sirup kann man mit (Mineral-)Wasser oder Schaumwein aufgießen, er ist aber auch ein ideales Süßungsmittel für cremige Desserts oder Kuchenfüllungen.*

Erdbeer-Kokos-Drink mit Limette

ZUBEREITUNG // 🕐 10 min

1 Die Erdbeeren waschen und putzen. Die Limette halbieren und den Saft auspressen.

2 Die Erdbeeren mit dem Limettensaft und dem Sirup im Küchenmixer oder mit dem Stabmixer fein pürieren. Das Kokoswasser dazugeben und kurz untermixen.

3 Die Eiswürfel auf vier Gläser verteilen, den Erdbeer-Kokos-Drink darübergießen und mit Mineralwasser auffüllen. Nach Belieben mit Erdbeeren garnieren.

Tipps: Zur Abwechslung einmal Himbeeren statt Erdbeeren verwenden oder beides mischen. Statt Kokossirup kann man auch Kokosblütenzucker oder ein anderes Süßungsmittel wie Reissirup oder Agavendicksaft verwenden. Für einen Milchshake die Erdbeeren und den Limettensaft statt mit Kokoswasser mit Milch, Buttermilch oder Kokos-Mandelmilch pürieren. Das Mineralwasser dabei weglassen. Für ein Lassi statt Kokoswasser 200 g Naturjoghurt und stilles Mineralwasser verwenden.

FÜR 4 PERSONEN

250 g Erdbeeren

1 Limette

2 EL Kokossirup

400 ml Kokoswasser

20 Eiswürfel

Mineralwasser

(mit Kohlensäure)

FÜR 4 PERSONEN

2 EL getrocknete Hibiskusblüten
(ersatzweise Hibiskustee)
24 Eiswürfel
Zucker
1 Bio-Zitrone

Hibiskus-Eistee mit Zitrone

ZUBEREITUNG // ⏱ 15 min // ❄ 30 min

1 Die Hibiskusblüten in einem Teesieb in einer Teekanne mit ¾ l kochendem Wasser übergießen und 10 Minuten ziehen lassen. Den Tee etwas abkühlen lassen und die Hälfte der Eiswürfel dazugeben – so behält der Tee seine leuchtend rote Farbe.

2 Den Tee nach Geschmack mit Zucker süßen und abschmecken. Im Kühlschrank etwa 30 Minuten vollständig abkühlen lassen.

3 Die restlichen Eiswürfel in Gläser füllen. Die Zitrone heiß waschen, trocken reiben und halbieren. 4 dünne Scheiben abschneiden und jeweils 1 Scheibe in ein Glas geben. Die Zitronenhälften auspressen und den Saft in den Tee rühren.

4 Den Hibiskus-Eistee über die Eiswürfel gießen und servieren.

Erfrischung gefällig?

Ein Sommer ohne flüssige Erfrischungen ist wie Dauerregen, und weil das Auge nicht nur mitisst, sondern auch mittrinkt, spielt die Optik eine große Rolle.

SOMMERDRINKS UND LIMONADEN

Ein echter Hingucker sind Eiswürfel mit „Inhalt". Dazu werden gesäuberte Beeren (Erdbeeren, Himbeeren oder Brombeeren) oder Kirschen in Eiswürfelformen gefüllt, mit Wasser übergossen und eingefroren. Die Eiswürfel am besten zum Kühlen von klaren Flüssigkeiten wie Mineralwasser oder auch Prosecco oder Cava verwenden. Anstelle von Früchten kann man auch Minze- oder Melisseblättchen einfrieren.

Tiefgekühlte Beerenspieße sind das i-Tüpfelchen für jeden Fruchtcocktail, egal ob mit oder ohne Alkohol. Dafür steckt man beliebige Beeren, halbierte Kumquats oder Physalis (Kapstachelbeeren) auf Cocktailspießchen und friert diese ein. In ein Glas stellen und auffüllen oder quer über den Glasrand legen.

Mit einem Zuckerrand lassen sich Cocktail- oder normale Trinkgläser m Handumdrehen und ganz einfach verzieren. Dazu werden die Glasränder zuerst in eine Flüssigkeit (Wasser, Saft, Likör) getaucht und anschließend in feinen weißen Zucker. Mit farbigen Likören oder mit Lebensmittelfarbe gefärbtem Wasser oder Saft, lassen sich dabei schön bunte Effekte erzielen.

Crushed Ice kann man immer öfter in großen Supermärkten oder sogar an Tankstellen kaufen. Es gibt aber auch eigens Geräte dafür, um sie zu Hause selbst zu machen. Noch einfacher geht es, indem man ordentlich Hand anlegt. Dazu Eiswürfel in einen verschließbaren Gefrierbeutel füllen und mit dem Nudelholz oder dem Fleischklopfer auf unempfindlicher Unterlage zerschlagen.

Pfirsichbowle mit Basilikum (Zutaten für ca. 2 l): 1,5 kg gelbfleischige Pfirsiche waschen, entsteinen und in Stücke schneiden. In einem großen Glaskrug oder einem Bowlengefäß mit 5 EL Zucker und 1 Flasche Weißwein mischen und 30 Minuten ziehen lassen. Vor dem Servieren mit 1 Flasche Prosecco auffüllen und mit einer großen Handvoll Basilikumblättern garnieren. Auch (Berg-)Pfirsiche mit weißem Fruchtfleisch machen sich in der Bowle super sowie Minze oder Zitronenmelisse anstelle von Basilikum.

Kirschbowle (Zutaten für ca. 2 l): 750 g Süßkirschen waschen, entstielen, halbieren und entsteinen. Mit ¼ l Kirschlikör in einem großen Glaskrug oder einem Bowlengefäß mischen und 30 Minuten ziehen lassen. Vor dem Servieren mit 1 Flasche Mineralwasser und 1 Flasche Weißwein aufgießen und servieren.

Sangria mit Orangen, und Zitronen (Zutaten für ca. 2 l): 2 Bio-Orangen und 2 Bio-Zitronen waschen und in dünne Scheiben schneiden. Die Zitrusscheiben in einem großen Glaskrug mit 5 EL Zucker, 3 EL Orangenlikör und 70 ml Brandy mischen und 30 Minuten ziehen lassen. Vor dem Servieren 1 bis 2 Handvoll Eiswürfel dazugeben und mit 2 Flaschen spanischem Rotwein aufgießen.

Bowle schmeckt am besten in eisgekühlten Gläsern!

Tomaten-Aprikosen-Fresher

FÜR 4 PERSONEN

8 Aprikosen
120 ml Aprikosensaft
200 ml Tomatensaft
4 cl Zitronensaft
Mineralwasser
(mit Kohlensäure)

ZUBEREITUNG // 🕐 10 min

1 Die Aprikosen kreuzweise einritzen und in einer Schüssel mit kochend heißem Wasser überbrühen.

2 Die Aprikosen 30 Sekunden stehen lassen, abgießen und mit kaltem Wasser abschrecken. Die Früchte häuten, halbieren und entsteinen.

3 Die Fruchthälften in kleine Stücke schneiden und mit dem Aprikosensaft in einen hohen Rührbecher geben und mit dem Stabmixer fein pürieren.

4 Den Tomaten- und den Zitronensaft unterrühren und mit Mineralwasser auffüllen. Nach Belieben mit Eiswürfeln servieren.

TIPP *Verwenden Sie nur reife, weiche Aprikosen, dann sind sie süß und saftig. Woran sind sie zu erkennen? Die Haut sollte glatt und nicht schrumpelig sein und keine dunklen Stellen aufweisen. Reife Aprikosen verströmen außerdem ein fruchtiges Aroma.*

Geheimrezept

Mein Lieblingsrezept für...
ein Sommergetränk

GURKEN-SPRIZZ

FÜR 4 PERSONEN // 🕐 15 min

1 *1 Salatgurke* waschen, in Stücke schneiden und in einem hohen Rührbecher mit dem Stabmixer fein pürieren.

2 Anschließend das Gurkenpüree mit einem Esslöffel durch ein feines Sieb streichen. Alternativ kann man die Gurke auch im Entsafter entsaften.

3 Aus *50 ml Wasser* und *50 g Zucker* einen Zuckersirup kochen, dazu beides in einem Topf aufkochen, bis sich der Zucker aufgelöst hat. *1 Limette* auspressen und den Saft mit dem Gurkensaft und dem Zuckersirup mischen.

4 Den Gurkensaft mit *Eiswürfeln* und ein paar *dünnen Gurkenscheiben* auf Weißweingläser verteilen und mit *120 ml Mineralwasser (mit Kohlensäure)* und *Prosecco* nach Belieben auffüllen.

Ginger Beer und fruchtige Limonaden

FÜR 1 L

100 g Ingwer (geschält)

4 EL brauner Rohrohrzucker

Zesten von 2 reifen (fast gelben) Bio-Limetten

Saft von 3 Limetten

1 l Mineralwasser (mit Kohlensäure)

Eiswürfel und Minzeblätter zum Servieren

FÜR CA. 400 ML SIRUP

300 g Zucker

Zesten von 2 Bio-Zitronen

Zitronensaft

Mineralwasser (mit Kohlensäure)

Eiswürfel zum Servieren

FÜR 500 ML SIRUP

400 g Himbeeren (tiefgekühlt)

Saft von 1 Zitrone

1 Bund Basilikum

200 g Zucker

Mineralwasser (mit Kohlensäure)

Eiswürfel zum Servieren

GINGER BEER // ⏲ 15 min

1 Den Ingwer fein reiben und mit dem austretenden Saft in eine Schüssel geben. Den Zucker, die Limettenzesten und den -saft hinzufügen. Mit einem Holzlöffel umrühren, bis sich der Zucker aufgelöst hat, und alles 10 Minuten ziehen lassen.

2 Die Ingwermischung durch ein Sieb in eine Karaffe streichen und mit dem Mineralwasser aufgießen. Nach Belieben noch etwas Limettensaft oder Zucker hinzufügen. Mit Eiswürfeln und Minze servieren.

ZITRONENLIMONADE // ⏲ 15 min

1 Für den Zitronensirup den Zucker und die Zitronenzesten mit 300 ml Wasser in einem Topf aufkochen und 5 Minuten köcheln lassen. Vom Herd nehmen, abkühlen lassen und durch ein Sieb gießen. Den Sirup in eine sterilisierte Flasche füllen.

2 Für 1 Glas Zitronenlimonade 20 ml Zitronensirup, den Saft 1 Zitrone und 100 ml Mineralwasser in ein Glas füllen. Alles umrühren und die Zitronenlimonade mit Eiswürfeln servieren.

HIMBEER-BASILIKUM-LIMONADE // ⏲ 15 min // 💧 12 h

1 Am Vortag für den Sirup die Himbeeren in einer Schüssel mit Zitronensaft übergießen. Das Basilikum waschen und trocken schütteln. Den Zucker mit 600 ml Wasser in einem Topf aufkochen. Wenn sich der Zucker aufgelöst hat, das Zuckerwasser über die Himbeeren gießen. Das Basilikum dazugeben. Die Mischung zugedeckt über Nacht in den Kühlschrank stellen. Am nächsten Tag den Sirup mit den Himbeeren und dem Basilikum durch ein Sieb drücken.

2 Für die Limonade den Himbeer-Basilikum-Sirup im Verhältnis 1:1 mit Mineralwasser mischen und mit Eiswürfeln servieren.

Avocado-Ananas-Shake

ZUBEREITUNG // ⏱ 10 min

1 Die Avocados halbieren und die Steine entfernen. Die Hälften schälen, das Fruchtfleisch in Stücke schneiden und mit dem Zitronensaft in einem hohen Rührbecher mischen. Das Ananasfruchtfleisch in kleine Stücke schneiden und dazugeben.

2 Die Vanilleschote längs aufschneiden und das Mark herauskratzen, mit dem Agavendicksaft und dem Kokoswasser in den Rührbecher geben. Alles mit dem Stabmixer fein pürieren. Den Shake auf Gläser verteilen und mit den Kakaostreuseln bestreuen.

FÜR 4 PERSONEN

2 Avocados

2 EL Zitronensaft

360 g Ananasfruchtfleisch

1 Vanilleschote

3 EL Agavendicksaft

800 ml Kokoswasser

4 EL Kakaostreusel

FÜR JE 4 PERSONEN

Für den grünen Smoothie

500 g Baby-Spinat

10 große Erdbeeren

2 Bananen

2 EL Leinöl

Für den roten Smoothie

100 g Himbeeren

10–12 Blätter Kopfsalat

2 Pfirsiche

2 EL Leinöl

Grüner und roter Smoothie

ZUBEREITUNG // ⏱ je 10 min

1 Für den grünen Smoothie den Spinat verlesen und waschen, dabei grobe Stiele entfernen. Die Erdbeeren waschen, putzen und trocken tupfen. Die Bananen schälen und in grobe Stücke schneiden.

2 Spinat, Erdbeeren und Bananenstücke mit 300 ml Wasser und dem Öl im Küchenmixer oder in einem hohen Rührbecher mit dem Stabmixer fein pürieren. Den grünen Smoothie in Gläser verteilen und servieren.

3 Die Himbeeren verlesen, waschen und trocken tupfen. Die Salatblätter putzen, waschen und trocken tupfen. Die Pfirsiche waschen und halbieren, den Stein entfernen und die Pfirsichhälften in grobe Stücke schneiden.

4 Himbeeren, Salatblätter und Pfirsichstücke mit 300 ml Wasser und dem Öl im Küchenmixer oder in einem hohen Rührbecher mit dem Stabmixer fein pürieren. Den roten Smoothie in Gläser verteilen und servieren.

Hugo

FÜR 1 GLAS

1 Stiel Minze

3 Bio-Limettenspalten

Eiswürfel

2 cl Holunderblütensirup

(oder Zitronenmelissesirup)

100 ml Mineralwasser

(mit Kohlensäure)

150 ml Prosecco

ZUBEREITUNG // ⏱ 5 min

1 Die Minze waschen und trocken tupfen, von unten 3 Blätter abzupfen. Mit den Minzeblättern den Innenrand eines Weinglases einreiben, die Blätter ins Glas legen, die Limettenspalten und 2 bis 3 Eiswürfel dazugeben.

2 Mit Holunderblütensirup, Mineralwasser und Prosecco auffüllen und umrühren. Mit dem Minzestiel garnieren.

Helga

FÜR 1 GLAS

1 Stiel Minze

3 Bio-Limettenspalten

Eiswürfel

2 cl Himbeersirup

100 ml Mineralwasser

(mit Kohlensäure)

150 ml Prosecco

ZUBEREITUNG // ⏱ 5 min

1 Die Minze waschen und trocken tupfen, von unten 3 Blätter abzupfen. Mit den Minzeblättern den Innenrand eines Weinglases einreiben, die Blätter ins Glas legen, die Limettenspalten und 2 bis 3 Eiswürfel dazugeben.

2 Für Hugos fruchtige „Schwester" Helga wird Himbeersirup statt Holunderblütensirup verwendet. Zum Garnieren ein paar gefrorene Himbeeren dazugeben. Alternativ schmecken auch Rhabarbersaft oder 1 Schuss Campari statt Sirup.

TIPP *Schon vor vielen Jahren kam der Hugo aus Südtirol zu uns, aber seine Beliebtheit ist ungebrochen. Das liegt vielleicht daran, dass er mit wenigen Zutaten so einfach zuzubereiten ist. Nicht einmal die Mengenverhältnisse muss man einhalten – nur zwei Dinge sollten Sie beachten: Dass der Hugo Kohlensäure enthält, die am Gaumen kitzelt, und dass er kalt serviert wird.*

für Kenner

Melonen-Himbeer-Apero

ZUBEREITUNG // ⏱ 10 min // ⏸ 1 h

1 Für den Minzsirup die Minzeblätter waschen, trocken tupfen und fein hacken. Zucker und 60 ml Wasser in einem kleinen Topf zum Kochen bringen. Die Minzeblätter einstreuen und unter Rühren einige Minuten bei schwacher Hitze köcheln lassen. Vom Herd nehmen und abkühlen lassen.

2 Die Melone, falls nötig, entkernen, schälen und das Fruchtfleisch klein schneiden. Die Himbeeren verlesen, vorsichtig waschen und trocken tupfen. Mit der Melone und dem Sirup in ein hohes Gefäß geben und mit dem Stabmixer pürieren. Den Saft durch ein sehr feines Sieb passieren, um die Kerne zu entfernen.

3 Die Gläser mit Eiswürfeln füllen und den Saft hineingießen. Mit Mineralwasser auffüllen.

FÜR 4 GLÄSER

2 Handvoll Minzeblätter

100 g Zucker

½ Charentais-Melone

250 g Himbeeren (oder Brombeeren oder Heidelbeeren)

Eiswürfel

Mineralwasser (mit Kohlensäure) zum Auffüllen

FÜR 4 GLÄSER

12 cl Cachaça

300 ml Maracujasaft und
Maracujasaft für den Crustarand

2 EL Waldhonig

2 EL Zitronensaft

Zucker

Eiswürfel

2 Bio-Orangenscheibe

Poncha Maracuja

ZUBEREITUNG // ⏱ 10 min

1 Cachaça, Maracujasaft, Honig und Zitronensaft in einem Mixbecher gut verrühren, bis
sich der Honig aufgelöst hat.

2 Etwas Zucker auf einen kleinen Teller
streuen. Auf einen weiteren Teller etwas
Maracujasaft gießen. Vier geeiste Cocktail-
gläser nacheinander mit dem oberen Rand
zuerst in den Saft, dann in den Zucker
tauchen und so einen Zuckerrand herstellen.

3 Den Cocktail in die Gläser gießen und Eiswürfel dazugeben. Die Orangenscheiben
halbieren und auf die Gläser verteilen.

Register

BILDNACHWEIS

UMSCHLAG

StockFood/Great Stock!
(Rezept Seite 56)

INNENTEIL

A. Walter Fotografie: 119; Braun, S.: 14, 89, 116; Eising, S.: 86; Eising Studio|Food Foto & Video – Görlach, M. / Winner, K.: 146–147, 152/1, 155, 162, 164, 165; Friese, C.: 40, 41, 54–55, 62–63, 74–75, 110–111, 128–129, 156–157; Gödke, C.: 4–5, 76, 106, 158; Gölling, B.: 12–13, 27, 32, 90, 115 (4,5), 120, 121, 124, 130; Hoersch, J.: 36, 38, 94, 137; Neubauer, M.: 19, 30, 35, 39, 42, 44, 46, 56, 58, 72, 98; Pachala, V.: 50; Schardt, W.: 23, 43, 83, 117; Schürle, M. / Grossmann, M.: 79, 145, 160; Schütz, A.: 20, 48–49, 52, 53, 70–71, 82, 93, 122–123, 141; Sporrer, B.: 102, 107; Südfels, T.: 47, 65, 66, 67, 97; Timman, C.: 16, 21, 60, 81, 103, 112, 144, 161; Westermann, J.-P.: 29, 31, 99, 100–101, 104, 108, 138

STOCKFOOD

Adsbol, M.: 26; Annette & Christian: 11; Avalos Flores, M.: 153 (3); Bischof, H.: 132; Blundell, P.: 152 (4); Brachat O.: 2–3, 152 (2), 153 (1); Burgess, L.: 25; Duivenvoorden Y.: 10 (1); Einenkel, U.: 135; Eising Studio|FoodPhoto & Video: 9 (1), 61, 115 (1, 2, 3), 131; Food and Drink Photos/Webb, P.: 142–143; Foodcollection: 85 (2); Foodografix: 148; Fotos mit Geschmack: 134; Gallo Images pty. Ltd.: 17; Garlick, I.: 34; Gerlach, H.: 114; Great Stock!: 56, 69; Gross, P.: 10 (2); Haurylik A.: 9 (2); Heinze, W.: 152 (3), Holzmann, C.: 126, 127; Jalag/ Schardt, W.: 78; Jalag/Szczepaniak, O.: 84, 85 (1); Krieg, R.: 8 (1); Linsell, S.: 150; PhotoCuisine/Thys/Supperdelux: 57; Reschke, M.: 24 (2); Schindler, M.: 153 (2); Sporrer / Skowronek: 8 (2), 151; Wissing, M.: 24 (1)

DIE REZEPTSYMBOLE

- ⏱ – Zubereitungszeit
- ▣ – Garzeit
- ⏸ – Wartezeit
- ❄ – Kühlzeit
- ⬤ – Einweich-/Marinierzeit

© 2017 **ZS Verlag GmbH**
Kaiserstraße 14 b
D-80801 München

ISBN 978-3-89883-636-4
1. Auflage 2017

Projektleitung: Martina Solter, Eva-Maria Hege
Rezepte & Texte: Michaela Baur
Redaktionelle Mitarbeit & Lektorat:
Katinka Holupirek
Grafische Gestaltung: Irene Schulz,
Kerstin Duben
Fotografie: siehe Bildnachweis
Herstellung: Frank Jansen
Producing: Jan Russok
Druck & Bindung: optimal media GmbH, Röbel

Die ZS Verlag GmbH ist ein Unternehmen
der Edel AG, Hamburg.
www.zsverlag.de | www.facebook.com/zsverlag

Auf den Geschmack gekommen?

Echt
wärmend

Michaela Baur
Echt Winterküche

€ [D] 9,99
978-3-89883-497-1

Echt
vielseitig

Michael Koch
Echt Hausgemacht

€ [D] 9,99
978-3-89883-635-7

Echt
heiß

Michael Koch
Echt Grillen

€ [D] 9,99
978-3-89883-473-5

Echt
frisch

Michaela Baur
Echt Grillen

€ [D] 9,99
978-3-89883-477-3